초연결 시대의 문화 정체성과 다양성

: 프랑스의 다문화 정책과 한국의 길

지은이 **곽민석**

신아사

이 저서는 2022년 대한민국 교육부와 한국연구재단의 지원을 받아 수행된 연구임.(NRF-2022S1A5C2A04093121)

들어가며

초연결시대와 문화다양성

현대 사회는 초연결 시대에 진입하면서 정보와 문화가 국경을 넘어 빠르게 교류되고 있으며, 이 과정에서 정보의 비약적인 확산이 주요 특징으로 나타난다. 인터넷과 소셜 미디어의 발전으로 인해 전 세계 사람들이 손쉽게 서로의 문화를 경험하고 소통할 수 있는 환경이 조성되었다. 2023년 기준으로 전 세계 인터넷 사용자 수는 약 50억 명에 달하며, 이들은 매일 수억 개의 콘텐츠를 생성하고 소비하고 있다. 이러한 현상은 특정 문화를 지닌 고립적인 사회에서 점차 다양한 문화를 포용하는 방향으로 나아가게 하는 원동력이 되고 있다. 특히 프랑스는 역사적으로 다양한 인종과 문화가 공존해 온 사회로, 이민자와 그 후손들이 국가 정체성에 기여해온 사례가 많다. 20세기 초반부터 시작된 대규모 이민은 프랑스 사회의 문화적 풍요로움을 가져왔지만, 동시에 사회적 갈등과 배제 현상도 발생하게 되었다. 예를 들어, 1954년부터 1962년 사이 알제리 전쟁 이후 수많은 알제리 이민자들이 프랑스에 정착하였고, 이들은 프랑스 사회의 문화적 구성 요소로 자리 잡았다. 이 과정에서 알제리 이민자들은 프랑스 사회의 경제적 성장에 기여했으나, 문화적 충돌과 사회적 긴장도 초래하였다. 이러한 역사적 배경을 이해하는 것은 현대 프랑스의 문화 정책의 본질을 이해하고 그 수용 여부를 평가하기 위한 기초가 된다. 프랑스 정부는 다문화 사회에서의 통합을 위한 여러 정책을 시행하고 있으며, 이는 단순한 이민자 수용 정책을 넘어 사회적 통합과 문화적 교류를 촉진하는 방향으로 나아가고 있다. 이러한 정책들은 교육, 노동 시장, 사회 복지 등 다양한 분야에서 이민자와 그 후손들의 적극적인 참여를 유도하는 효과가 있다.

본 연구에서는 프랑스의 문화 다양성 정책을 분석하고, 이를 통해 '다빈치형 인재 양성'의 필요성을 강조하며, 한국의 다문화 정책에 대한 시사점을 도출할 것이다. 다빈치형 인재란 예술과 과학, 기술이 융합된 창의적 인재를 의미하며, 이는 오늘날의 복잡한 사회 문제를 해결하는 데 필수적으로 인식되고 있다. 과거의 사회와 세계가 요구하는 인재 유형과 달리, 다빈치형 인재들은 환경 문제, 사회적 불평등, 그리고 글로벌화에 따른 경제적 도전에 효과적으로 대응할 수 있는 능력을 지니고 있다. 이들은 단순히 특정 분야의 전문가에 그치지 않고, 다양한 배경과 경험을 가진 인재가 협력하여 혁신적인 해결책을 모색할 수 있는 능력을 지닌 사람으로 정의될 수 있다. 다빈치형 인재가 포함된 팀은 다양한 관점에서 문제를 분석하고 창의적인 아이디어를 도출하여 혁신적인 솔루션을 제공할 수 있기 때문에, 이를 위한 효과적인 교육 시스템의 개선과 정책적 지원이 필수적이다. 본 연구는 프랑스의 사례를 통해 이러한 인재 양성을 위한 정책적 방향성을 제시하고, 한국의 다문화 정책에도 적용할 수 있는 방안을 모색할 것이다.

따라서 다음과 같은 질문에 초점을 맞춘다. 프랑스의 문화 다양성 정책이 다빈치형 인재 양성에 어떤 기여를 하는가? 이러한 정책들이 한국의 다문화 사회에서 어떻게 적용될 수 있는가? 이러한 연구 질문을 통해 본 연구는 문화 다양성이 국가의 지속 가능한 발전에 기여할 수 있는 방안을 제시하고, 다빈치형 인재 양성을 위한 정책적 제언을 마련하여 한국의 다문화 정책이 나아가야 할 방향을 제시할 것이다. 즉, 프랑스의 문화 다양성 정책과 다빈치형 인재 양성의 관계를 분석함으로써 현대 사회에서의 문화적 포용과 창의적 문제 해결의 중요성을 강조하고, 이를 통해 우리의 다문화 정책에 대한 실질적 방향성을 제시하는 데 목적이 있다.

초연결 시대는 정보통신 기술의 발전으로 인해 전 세계가 밀접하게 연결된 상태를 나타낸다. 이 시대의 주요 특징 중 하나는 정보의 비약적인 확산과 다양한 문화 간의 상호작용을 통해 새로운 가치가 창출된다는 점이다. 정보통신 기술의 발전은 데이터 전송 속도의 향상에 그치지 않고, 문화적 교류와 사회적 상호작용을 촉진하는 핵심 원동력이 되고 있다. 소셜 미디어 플랫폼인 인스타그램과 유튜브는 전 세계의 문화 콘텐츠를 손쉽게 공유하고 소비할 수 있는 환경을 제공한다. 사용자들은 이러한 플랫폼을 통해 자신의 문화뿐만 아니라 타국의 문화도 경험하게 된다. 특히 K-팝과 같은 한국 문화 콘텐츠는 유튜브를 통해 전 세계적으로 인기를 끌며, 수백만의 외국 팬을 확보하고 있다. 이러한 현상은 한국 문화가 국경을 넘어 확산되는 것에 그치지 않고, 문화적 상호작용을 통해 새로운 형태의 문화가 창출되고 있음을 보여준다. 예를 들어, BTS와 같은 아이돌 그룹은 그들의 음악과 퍼포먼스를 통해 한국어와 한국 문화에 대한 관심을 높이고 있다. 소셜 미디어는 문화적 경계를 허물고 사용자들이 다양한 문화적 배경을 가진 사람들과 소통할 수 있는 기회를 제공한다. 이러한 상호작용은 문화적 이해와 존중을 촉진하며, 서로 다른 문화 간의 협력을 통해 새로운 가치가 생성되는 데 기여한다. 이러한 변화는 전통적인 미디어에 비해 정보 전파의 속도와 범위가 훨씬 넓어졌음을 의미한다. 과거에는 신문, 텔레비전 등 일방적인 정보 전달 방식이 주를 이루었으나, 초연결 시대에서는 소비자가 능동적으로 콘텐츠를 생성하고 공유하는 환경이 조성되었다. TikTok과 같은 플랫폼에서는 사용자가 짧은 동영상을 제작하여 즉시 공유함으로써, 전 세계적으로 빠르게 유행하는 트렌드를 형성할 수 있다. 이러한 플랫폼은 문화적 다양성을 더욱 확장시키고, 다양한 문화적 표현이 동시에 존재할 수 있는 장을 마련한다.

초연결 사회에서는 다문화적 사고가 중요한 의미를 가진다. 여러 문화가 융합된 환경에서는 창의적 문제 해결이 더욱 필요하며, 이는 다빈치형 인재의 필요성을 더욱 부각시킨다. 다빈치형 인재는 예술, 과학, 기술 등 다양한 분야에 대한 지식과 경험을 바탕으로 복잡한 문제를 해결하는 데 필요한 창의적이고 혁신적인 사고를 지닌 사람들이다. 여러 문화적 배경을 가진 팀이 협력하여 혁신적인 제품을 개발한 사례가 그 예이다. 구글은 다양한 문화적 배경을 가진 인재들로 구성된 팀이 협력하여 제품을 개발하는 방식을 채택하고 있으며, 이는 회사의 혁신성을 높이는 데 기여하고 있다. 구글의 '다양성 및 포용성' 정책은 다양한 인재를 채용하고, 그들이 자유롭게 아이디어를 교환할 수 있는 환경을 조성하여 창의적 문제 해결을 촉진하고 있다. 이러한 팀워크는 여러 관점과 아이디어가 결합되어 새로운 해결책을 제시하는 데 기여한다. 또한, 초연결 시대의 기업들은 다문화적 환경에서 일할 수 있는 인재를 필요로 하며, 이는 글로벌 시장에서의 경쟁력을 강화하는 데 중요한 요소로 작용한다. 다국적 기업인 IBM은 다양한 문화적 배경을 가진 인재를 채용하여 글로벌 시장에서 성공적으로 활동할 수 있는 능력을 갖춘 팀을 구성하고 있다. 이러한 접근은 기업이 다양한 고객층을 이해하고, 그들의 요구에 맞는 제품과 서비스를 제공할 수 있도록 한다. IBM은 고객의 문화적 배경을 이해하기 위해 다양한 국적의 인재와 함께 팀을 구성하여 각 지역의 특성에 맞춘 솔루션을 제공하고 있다. 이러한 다문화적 접근은 기업의 혁신성을 높이고 경쟁력을 강화하는 데 필수적이다.

결국 초연결 시대는 문화 다양성을 통한 창의성과 혁신의 중요성을 강조하며, 이를 통해 국가와 사회가 발전할 수 있는 기반을 마련하게 된다. 다양한 문화가 상호작용하고 교류하는 환경은 사회적 통합을 촉진하고 새로운 가치를 창출하는 데 기여한다. 이러한 맥락에서 프랑스의 문화 다양성 정책은 단순한 이민자 수용 정책을 넘어 사회적 통합과 문화적 교류를 통해 다빈치형 인재 양성을 지향하고 있다. 프랑스 정부는 다문화 사회의 장점을 최대한 활용하여 다양한 문화가 공존할 수 있는 사회를 구축하려고 노력하고 있다. 프랑스의 '정체성 및 통합' 정책은 이민자들이 프랑스 사회에 통합될 수 있도록 다양한 프로그램을 제공하고 있으며, 이러한 정책들은 문화적 다양성을 존중하고 이를 통해 사회적 결속력을 강화하는 데 기여하고 있다. 초연결 시대의 문화적 상호작용은 단순한 현상이 아니라 국가와 사회의 발전에 필수적인 요소로 자리 잡고 있다. 따라서 초연결 사회에서는 문화적 다양성이 단순한 수용을 넘어서 창의적이고 혁신적인 사회를 위한 필수 요소로 작용해야 한다. 이는 다문화적 환경에서 서로 다른 배경을 가진 사람들이 협력하여 문제를 해결하고 새로운 가치를 창출하는 데 기여할 수 있도록 하기 때문이다. 이러한 맥락에서 초연결 시대의 도래는 문화적 이해와 존중의 중요성을 다시 한번 일깨워 주며, 이를 통해 더 나은 사회를 만들기 위한 지속적인 노력이 필요함을 강조한다.

현대 사회가 필요로 하는 다빈치형 인재는 다양한 분야에 걸쳐 폭넓은 지식과 기술을 보유한 인재를 의미한다. 이 개념은 르네상스 시대의 대표적 인물인 레오나르도 다빈치에서 비롯되며, 그는 예술, 과학, 기술 분야에서 모두 뛰어난 업적을 남긴 인물로 잘 알려져 있다. 다빈치는 단순히 화가라는 한정된 역할을 넘어 해부학, 수학, 공학 등 다양한 분야에서 혁신적인 아이디어와 접근 방식을 제시하였다. 그의 다재다능함은 오늘날 필요로 하는 다빈치형 인재의 필요성과 밀접하게 연결되어 있다. 현대 사회에서는 이러한 인재가 더욱 필요하며, 이는 복잡한 사회 문제를 해결하기 위한 필수적인 조건으로 자리 잡고 있다.

현대 사회는 다양한 분야에서의 융합적 사고를 요구하고 있으며,

2021년 세계경제포럼(WEF)의 보고서에 따르면 앞으로의 고용 시장에서는 다분야에 걸친 지식과 기술을 갖춘 인재를 선호하는 경향이 더욱 두드러질 것이라고 전망하고 있다. 이는 단순히 기술적 전문성만으로는 해결할 수 없는 복잡한 문제들이 증가하고 있음을 의미한다. 따라서 다빈치형 인재는 다양한 배경과 전문성을 가진 인재들이 협력하여 창의적인 해결책을 모색할 수 있는 환경을 조성하는 데 중요한 역할을 하게 된다. 현재의 교육 시스템은 이러한 다빈치형 인재 양성을 위해 'STEM(과학, 기술, 공학, 수학) 교육'을 중심으로 구성되고 있다. STEM 교육은 학생들에게 단순히 과학적 지식이나 기술적 역량을 가르치는 것이 아니라, 이들이 서로 협력하여 창의적인 해결책을 모색할 수 있는 환경을 조성하는 데 중점을 두고 있다. 예를 들어, 미국의 STEM 교육 프로그램에서는 학생들이 팀을 이루어 실제 문제를 해결하는 프로젝트 기반 학습을 진행하며, 이 과정에서 다양한 문제 해결 능력과 창의적 사고를 기를 수 있도록 하고 있다. 2021년 미국 교육부의 통계에 따르면 STEM 관련 직종의 평균 연봉은 다른 분야에 비해 약 26% 높은 것으로 나타났다. 이는 STEM 분야의 전문성이 사회적으로 얼마나 중요한지를 보여주는 통계이며, 다빈치형 인재의 필요성을 더욱 강조한다.

프랑스의 경우, 다빈치형 인재 양성을 위해 다양한 교육 프로그램과 정책이 시행되고 있다. 프랑스 정부는 다문화 교육을 통해 다양한 배경을 가진 학생들이 서로의 문화를 이해하고 존중하는 환경을 조성하고 있다. 예를 들어, 프랑스 교육부는 '지속 가능 개발 교육(EDD:

Éducation au développement durable)'이라는 프로그램을 통해 학생들에게 지속 가능한 발전과 환경 문제에 대한 인식을 높이고, 다문화적 이해를 증진시키기 위한 다양한 커리큘럼을 개발하였다. 이러한 교육 과정에서는 다양한 문화적 배경을 가진 학생들이 팀 프로젝트를 통해 서로의 경험을 공유하고, 이를 바탕으로 문제를 해결하는 방식으로 진행된다. 이러한 접근은 학생들이 글로벌 사회에서 성공적으로 활동할 수 있는 기반을 마련하며, 창의적 사고를 함양하는 데 기여한다. 이러한 교육 프로그램은 학생들에게 다양한 관점을 제공하고, 이를 통해 사회적 통합을 촉진한다. 더 나아가, 다빈치형 인재의 필요성은 단순히 학문적 성취에 그치지 않는다. 이러한 인재들은 사회적 책임을 다하고, 지속 가능한 발전을 위한 해결책을 모색하는 데 기여할 수 있다. 실례로, 환경 문제나 사회적 불평등 문제 등 현대 사회가 직면한 다양한 도전에 대해 다빈치형 인재들은 창의적이고 혁신적인 해결책을 제시할 수 있다.

따라서, 다빈치형 인재는 현대 사회의 복잡한 문제를 해결하기 위한 중요한 자산이다. 이들은 다양한 분야에서의 지식과 경험을 바탕으로 창의적이고 혁신적인 접근 방식을 통해 사회에 긍정적인 영향을 미치며, 지속 가능한 발전을 위한 해결책을 제시할 수 있다. 따라서 교육 시스템은 이러한 인재를 양성하기 위한 방향으로 나아가야 하며, 정책적 지원이 필수적이다. 다빈치형 인재 양성을 위한 교육과 정책은 사회의 전반적인 발전에 기여할 수 있는 중요한 요소가 될 것이다. 이러한 점에서 다빈치형 인재 양성을 위한 교육은 더 이상 선택이 아닌 필수가 되어야 하며, 교육 기관들은 학생들이 다양한 분야에서의 지식을 통합하고 이를 바탕으로 창의적 문제 해결 능력을 키울 수 있도록 커리큘럼을 수정해야 한다. 정부와 기업은 이러한 교육이 효과적으로 이루어질 수 있도록 필요한 자원과 지원을 아끼지 않아야 하며, 이는 장기적으로 국가의 경쟁력을 높이는 데 기여할 것이다. 다빈치형 인재들이 사회에 미치는 긍정적인 영향은 단순히 개인의 성공을 넘어서 전체 사회와 경제의 발전으로 이어질 수 있을 것이다.

본 연구는 프랑스의 문화 다양성 정책과 교육 제도를 분석하여 한국의 다문화 정책 수립에 중요한 관점을 제시하는 것을 목표로 한다. 결과는 다문화 사회로의 전환을 겪고 있는 우리가 프랑스의 경험을 바탕으로 더 나은 정책을 수립하는 데 기초가 될 것이며, 나아가 프랑스와 한국의 다문화 정책을 비교 분석하여 다문화 교육의 효과적인 실천 방법과 정책을 구체화하고, 다문화 사회에서의 통합과 포용성을 증진시키고자 한다.

목차

초연결 시대의 문화 정체성과 다양성

프랑스의 다문화 정책과 한국의 길

1 프랑스의 문화 다양성 및 국가 정체성

1.1 프랑스의 역사적 배경: 통시적 관점에서의 문화와 정체성

프랑스는 역사적으로 다양한 문화가 공존해 온 국가로, 이러한 문화적 다양성은 국가 정체성의 중요한 요소로 자리잡고 있다. 역사적 배경을 통시적 관점에서 살펴보면, 프랑스의 문화와 정체성을 형성하는 데 기여한 여러 사건과 흐름을 이해할 수 있다. 특히, 프랑스 혁명(1789년)은 문화와 정체성의 형성에 중대한 영향을 미친 사건으로, 이 혁명의 사상적 기반은 오늘날 프랑스 사회의 문화 다양성과 공화주의 원칙을 이해하는 데 필수적이다.

프랑스의 문화적 다양성은 고대 로마 제국의 지배 시기로 거슬러 올라간다. 이 시기에 갈리아 지역은 다양한 민족과 문화가 혼합되어 독특한 정체성을 형성하였다. 로마 문화와 켈트 문화의 융합은 프랑스의 문화적 기반을 다지는 데 중요한 역할을 하였으며, 이는 후에 프랑스의 문화적 전통과 사회 구조에 큰 영향을 미쳤다. 중세에 접어들면서 프랑스는 여러 왕국과 영토로 나뉘어 있었으며, 이러한 분열은 각 지역의 문화적 특성을 형성하는 데 기여하게 된다. 프랑스의 카롤링거 왕조와 이후의 카페 왕조는 중앙집권적인 통치를 확립하면서 국가 정체성을 강화해 나갔다. 이 시기에는 프랑스어가 문헌에서 점차 사용되기 시작하였으며, 이는 지역 언어와 문화의 통합을 촉진하였다. 중세 말기에는 프랑스의 전통적인 민속 문화가 발전하였고, 이는 오늘날까지 이어지는 프랑스의 문화적 다양성을 형성하는 데 중요한 역할을 하였다.

또한, 중세 기간 동안 기독교의 영향력은 프랑스 사회에 깊이 스며들어 있었다. 교회는 교육과 문화의 중심지 역할을 하였고, 예술의 발전에 기여하였다. 성당과 수도원에서 제작된 미술작품과 건축물들은 지금도 프랑스의 역사와 문화적 정체성을 이해하는 데 중요한 요소로 작용하고 있다. 이러한 역사적 배경은 프랑스의 문화와 정체성을 형성하는 데 기초가 되었으며, 현대 프랑스 사회에서도 여전히 그 흔적을 찾아볼 수 있다.

르네상스 시대(15세기~17세기)는 프랑스 문화의 발전에 중대한 기여를 하였다. 이 시기에는 이탈리아에서 유입된 인문주의 사상이 프랑스 사회에 퍼지면서 교육과 예술의 새로운 전환점을 맞이하게 된다. 특히, 프랑스의 왕 프랑수아 1세는 예술과 과학의 후원자로 알려져 있으며, 레오나르도 다빈치와 같은 예술가를 초청하여 프랑스의 문화적 수준을 한층 높였다.

르네상스는 또한 프랑스어의 발전과 표준화에 기여하였다. 이 시기에 문학과 철학이 번창하면서, 프랑스어가 문학적 언어로 자리 잡게 되었고, 이는 문화적 정체성의 형성에 중요한 요소로 작용하였다. 1539년, 프랑수아 1세는 '올리앙 조례'를 통해 법적 문서와 공적인 언어로서 프랑스어의 사용을 의무화하였고, 이는 프랑스의 문화적 통합을 촉진하는 계기가 되었다. 이 시기에 출판과 인쇄술의 발달은 프랑스어 문학의 발전을 가속화시키며, 다양한 문헌이 대중에게 보급되는 계기를 마련하였다. 르네상스 시대의 예술가들은 고대 그리스와 로마의 영향을 받으면서도, 프랑스의 전통과 특성을 살린 작품을 창조하였다. 예를 들어, 클로드 로랭과 같은 화가는 프랑스의 자연을 아름답게 그린 풍경화로 유명하며, 이는 프랑스의 자연과 문화적 정체성을 표현하는 중요한 수단이 되었다. 이러한 예술적 성취는 프랑스의 문화적 자부심을 높였고, 국가 정체성을 더욱 확고히 하는 데 기여하였다.

1789년 프랑스 혁명은 프랑스의 문화와 정체성 형성에 중대한 영향을 미친 사건이다. 혁명은 '자유, 평등, 박애'라는 이념을 통해 프랑스인이 국가의 주체로서의 정체성을 확립하는 계기가 되었다. 이 혁명은 단순히 정치적 변화에 그치지 않고, 사회적 구조와 문화적 가치에도 깊은 영향을 미쳤다. 프랑스 혁명의 사상적 기반은 계몽주의 사상가들의 영향을 받았다. 특히, 장 자크 루소와 몽테스키외의 이론은 혁명 과정에서 중요한 역할을 하였다. 루소는 '사회계약론'에서 개인의 자유와 평등을 주장하였고, 이는 프랑스의 민주적 전통에 뿌리를 두고 있다. 몽테스키외는 권력 분립의 중요성을 강조하며, 이는 프랑스의 정치적 구조에 반영되었다. 이러한 정치적 철학은 프랑스 헌법과 법률 체계에 깊이 스며들어 있다. 혁명 이후, 프랑스는 공화국으로서의 정체성을 확립하게 되었으며, 이는 프랑스 사회가 다문화적으로 형성되는 데 기여하였다. 특히, 혁명 정부는 모든 시민이 동등하게 대우받아야 한다는 원칙을 강조함으로써, 다양한 문화와 배경을 가진 사람들의 권리를 보호하는 방향으로 나아갔다. 이러한 변화는 오늘날 프랑스 사회의 공화주의 원칙과 문화적 다양성을 이해하는 데 필수적이다.

혁명은 또한 교육과 문화의 접근성을 높이는 계기가 되었다. 혁명정부는 모든 시민이 교육받을 권리가 있다는 것을 강조하며, 공립학교 시스템을 도입하였다. 이는 다양한 사회 계층과 배경을 가진 사람들이 교육을 받을 수 있는 기회를 제공하였고, 이는 프랑스의 문화적 통합을 촉진하는 중요한 요소로 작용하였다.

19세기와 20세기는 프랑스의 문화적 정체성이 더욱 복잡해지는 시기로 평가된다. 산업화가 진행됨에 따라, 프랑스는 도시화와 함께 다양한 문화적 배경을 가진 인구가 유입되었다. 이민자들은 프랑스의 경제 발전에 기여하면서도, 그들의 문화적 유산을 프랑스 사회에 가져왔다. 이러한 문화적 혼합은 프랑스의 정체성을 더욱 다채롭게 만들었다. 이 시기에 프랑스의 정치적 환경은 불안정하였으며, 여러 차례의 정치적 격변이 있었다. 제2공화국, 제2제정, 그리고 제3공화국으로 이어지는 이 과정에서 프랑스는 민주주의와 공화주의의 원칙을 확립하기 위해 노력하였다. 특히, 1870년대 이후 제3공화국은 프랑스 사회의 정치적 안정과 경제적 발전을 추구하며, 교육과 문화 분야에서의 발전을 도모하였다.

20세기 초에는 두 차례의 세계대전이 프랑스 사회에 큰 영향을 미쳤다. 이 전쟁들은 국가 정체성이 어떻게 변화할 수 있는지를 보여주는 사례로, 전후 복구 과정에서 프랑스는 국가 통합과 사회적 연대감을 강조하였다. 이러한 배경 속에서 프랑스는 유럽 통합의 선두 주자로 나서게 되었고, 이는 국가 정체성을 재정의하는 계기가 되었다. 또한, 프랑스는 식민지 국가로서의 경험을 통해 다양한 문화적 요소를 수용하게 되었다. 아프리카, 아시아, 카리브해 지역에서 온 이민자들은 프랑스 사회에 그들의 전통과 문화를 가져왔으며, 이는 프랑스의 문화적 다양성을 더욱 풍부하게 만들었다. 이러한 문화적 교류는 프랑스 사회의 정체성을 형성하는 데 중요한 역할을 하였으며, 이민자들은 프랑스의 음식, 음악, 예술 등 여러 분야에서 그들의 문화적 유산을 기여하였다. 예를 들어, 북아프리카 출신 이민자들이 프랑스에 가져온 음식 문화는 오늘날 프랑스 요리의 중요한 부분을 차지하고 있으며, 타진, 쿠스쿠스 등 다양한 요리가 프랑스의 미식 문화에 통합되었다.

현재 프랑스는 다문화 사회로 자리 잡고 있으며, 이는 국가 정체성을 더욱 복잡하게 만드는 요소로 작용하고 있다. 다양한 문화적 배경을 가진 이민자들이 프랑스 사회에 통합되는 과정에서, 문화적 다양성은 국가 정체성의 중요한 요소로 자리 잡고 있다. 현대 프랑스 사회는 이러한 다양성을 포용하고 존중하는 방향으로 나아가고 있으며, 이는 국가 정체성을 더욱 강화하는 데 기여하고 있다. 프랑스 정부는 다문화 사회를 지향하는 다양한 정책을 시행하고 있으며, 이는 이민자들이 프랑스 사회에 통합될 수 있는 기회를 제공한다. 예를 들어, 프랑스의 교육 시스템은 문화적 다양성을 존중하고, 모든 학생들이 서로의 문화를 이해할 수 있도록 하는 프로그램을 운영하고 있다. 이러한 교육적 접근은 프랑스 사회의 포용성을 높이는 데 기여하고 있다. 특히, 초등학교와 중학교에서는 다문화 교육과 역사 교육을 결합하여 학생들이 프랑스의 다양한 문화적 배경을 이해하고 존중할 수 있는 기회를 제공하고 있다. 또한, 현대 프랑스에서 문화적 다양성은 사회적 통합을 촉진하는 중요한 요소로 작용하고 있다. 다양한 문화적 배경을 가진 개인들이 서로의 문화를 경험하고 교류할 수 있는 기회를 제공하는 것이 중요하다. 예를 들어, 파리에서는 매년 다양한 인종과 그 문화를 반영한 '다문화 축제'와 같은 행사가 열리는데, 이 행사에서는 다양한 문화적 배경을 가진 사람들이 모여 서로의 문화를 공유하고 이해하는 기회를 제공한다. 이러한 문화적 교류는 프랑스 사회의 통합과 다양성을 증진시키는 데 기여하고 있으며, 이는 현대 프랑스 국가 정체성의 중요한 부분을 차지하고 있다.

프랑스의 문화적 다양성은 또한 예술 및 문학 분야에서도 두드러지며, 이러한 분야에서의 혁신은 국가 정체성의 재정립에 기여하고 있다. 현대 프랑스의 작가와 예술가는 다양한 문화적 배경을 바탕으로 창작활동을 하며, 이는 프랑스 문학과 예술의 풍부함을 더하고 있다. 아프리카 출신의 프랑스 작가들이 프랑스 문학계에서 활발히 활동하고 있으며, 그들의 작품은 프랑스 사회의 다문화적 정체성을 반영하고 있다. 이러한 문학적 성취는 프랑스가 다문화 사회로서의 정체성을 더욱 강화하는 데 중요한 역할을 하고 있다.

프랑스의 국가 정체성은 현대 사회에서 여러 가지 도전과 기회를 동시에 경험하고 있다. 글로벌화가 진행됨에 따라, 프랑스는 다양한 문화적 요소를 수용하면서도 자신의 정체성을 유지해야 하는 과제에 직면하고 있는데, 이민자들과 그 후손들은 프랑스 사회에서 중요한 역할을 하고 있지만, 그들의 존재는 때때로 사회적 갈등을 유발하기도 한다. 특히 2015년 파리 테러 사건 이후, 이민자와 무슬림 커뮤니티에 대한 사회적 편견이 심화되었고, 이는 프랑스 사회의 통합을 어렵게 만드는 요인이 되고 있다. 이러한 사회적 갈등은 프랑스의 국가 정체성에 도전하는 요소로 작용하며, 이는 프랑스 정부가 다문화 사회로서의 정체성을 강화하기 위해 다양한 정책을 추진하는 이유이기도 하다. 정부는 이민자들이 사회에 통합될 수 있도록 교육, 고용, 사회적 지원 등의 다양한 정책을 시행하고 있으며, 이는 모든 시민이 동등하게 대우받고, 문화적 배경이 존중받을 수 있는 환경을 조성하는 데 기여하고 있다. 또한, 프랑스 사회의 다문화적 특성은 경제적인 측면에서도 긍정적인 영향을 미치고 있다. 다양한 문화적 배경을 가진 개인들이 모여 혁신적인 아이디어를 도출하고, 새로운 비즈니스 모델을 개발하는 과정에서 경제적 성장을 이끌어낼 수 있다. 실제로, 프랑스의 스타트업 생태계는 다양한 문화적 배경을 가진 기업가들에 의해 활성화되고 있으며, 이는 경제적 다각화를 이루는 데 기여하고 있다. 2021년 프랑스의 스타트업 수는 약 30,000개에 달하며, 이 중 많은 기업들이 다문화적 배경을 가진 창업자들에 의해 운영되고 있다.

결론적으로, 프랑스의 역사적 배경은 통시적 관점에서 문화와 정체성을 이해하는 데 필수적인 요소이다. 다양한 문화가 공존해 온 프랑스는 역사적으로 식민지 경험과 혁명, 산업화, 그리고 글로벌화를 통해 국가 정체성을 형성해 왔다. 특히, 프랑스 혁명은 국가 정체성의 기초를 다지는 데 중대한 역할을 하였으며, 이는 오늘날의 문화적 다양성과 공화주의 원칙을 이해하는 데 필수적이다. 프랑스는 앞으로도 다문화 사회로서의 정체성을 강화하고, 다양한 문화가 공존하는 사회를 만들어가는 데 지속적인 노력이 필요하다. 이러한 과정은 프랑스의 국가 정체성을 더욱 풍부하게 만들고, 사회적 통합을 증진시키는 데 기여할 것이다. 또한, 프랑스의 문화적 다양성은 세계적으로도 중요한 사례가 되어, 다문화 사회가 직면한 도전과 기회를 이해하는 데 귀중한 교훈을 제공할 것이다.

이러한 맥락에서, 프랑스 국가 정체성에 대한 이해는 단순한 학문적 논의에 그치지 않고, 실제 사회적 문제를 해결하는 데 기여하는 중요한 과제가 된다. 앞으로의 연구와 논의는 이러한 국가 정체성을 더욱 깊이 이해하고, 프랑스 사회의 미래를 밝히는 데 중요한 역할을 할 것이다. 프랑스의 국가 정체성은 그 복잡성과 다양성을 통해, 전 세계의 다문화 사회가 직면한 도전과 기회를 이해하는 데 귀중한 사례가 될 것이다. 프랑스는 이러한 과정을 통해 글로벌 사회에서 더욱 포용적이고 지속 가능한 국가로 발전할 수 있을 것이다. 이는 단순히 과거의 유산을 기념하는 것이 아니라, 현재와 미래의 사회적 통합과 문화적 다양성을 포용하는 지속적인 과정임을 명심해야 할 것이다. 이러한 지속적인 노력이 프랑스의 국가 정체성을 더욱 강화하고, 다양한 문화가 조화를 이루는 사회를 만드는 데 기여할 것이다.

프랑스 혁명은 단순한 정치적 사건이 아니라, 사회의 모든 계층과 문화가 상호작용하며 새로운 정체성을 형성하는 기초가 되었다. 1789년에 시작된 이 혁명은 프랑스 사회의 구조와 가치관을 근본적으로 변화시켰으며, 그 결과로 나타난 새로운 정치 체제는 왕정에서 공화제로의 전환을 넘어, 국민들이 주체적으로 정치에 참여하고 목소리를 낼 수 있는 환경을 조성하였다. 혁명의 이념은 '자유, 평등, 박애'라는 세 가지 원칙에 뿌리를 두고 있으며, 이는 프랑스의 국가 정체성과 문화적 통합 정책을 형성하는 데 중요한 역할을 하였다.

프랑스 혁명의 사상적 기반은 계몽주의 사상가들의 영향을 받았다. 특히, 장 자크 루소는 그의 저서 '사회계약론'에서 개인의 자유와 평등을 강조하며, 이러한 원칙이 사회의 통합을 위한 기초가 되어야 한다고 주장하였다. 루소는 "인간은 자유롭게 태어났으나, 모든 곳에서 쇠사슬에 묶여 있다"는 유명한 구절로 개인의 자유와 사회적 계약의 중요성을 부각시켰다. 이러한 아이디어는 혁명 당시의 구호로 자리잡아, 국민들이 새로운 정치 체제를 요구하는 데 중요한 역할을 하였다. 따라서, 혁명은 단순한 권력의 전복이 아니라, 프랑스 국민들이 자신의 권리와 책임을 인식하고 이를 주장하는 과정으로 볼 수 있다.

프랑스 혁명 이후, 공화주의 이념은 국가가 모든 시민에게 동일한 권리와 의무를 부여해야 한다는 원칙에 기반하여 발전하였다. 이는 다문화 사회에서 각 문화적 배경을 가진 개인들이 동등하게 대우받고, 그들의 문화가 존중받아야 한다는 메시지를 내포하고 있다. 이러한 원칙은 프랑스 정부가 다양한 문화적 배경을 가진 이민자와 그 후손들을 포용하는 정책을 수립하는 기반이 되었다. 혁명 이후 제정된 여러 법률과 정책은 이러한 공화주의 원칙을 구체화하는 데 기여하였으며, 이는 프랑스 사회가 다문화 사회로 나아가는 데 있어 중요한 이정표가 되었다.

프랑스의 문화적 통합 정책은 헌법에도 명시된 것처럼 '통일된 공화국 (République indivisible)' 원칙에 뿌리를 두고 있다. 이는 모든 시민이 프랑스의 문화와 정체성에 통합되어야 한다는 의미를 담고 있으며, 이를 통해 다양한 문화가 상호작용하며 새로운 가치를 창출하도록 유도하고 있다. 이러한 접근은 프랑스 사회의 다양한 문화적 요소가 통합되어 새로운 정체성을 형성하는 데 기여한다. 이에 프랑스 정부는 이민자들이 프랑스 사회에 통합될 수 있도록 다양한 정책을 마련하고 있으며, 이러한 정책들은 이민자와 그 후손들이 프랑스 사회에 적극적으로 참여할 수 있는 기회를 제공한다.

2019년에는 이민자 통합을 위한 '정체성 및 통합' 정책이 시행되어, 이민자들이 프랑스어와 프랑스 문화를 배우고 이를 통해 사회에 적응할 수 있도록 지원하고 있다. 이 정책은 단순히 언어 교육에 국한되지 않고, 프랑스의 역사와 문화, 그리고 사회적 규범을 배우는 프로그램으로 구성되어 있다. 이러한 프로그램은 이민자들이 프랑스 사회에 자연스럽게 통합될 수 있는 기회를 제공하며, 궁극적으로는 사회적 통합을 촉진하는 데 기여한다. 이 정책의 일환으로, 프랑스 정부는 이민자와 그 후손들을 위한 문화 교육 프로그램을 운영하고 있으며, 이를 통해 문화적 다양성을 존중하면서도 통합을 도모하고 있다. 통계적으로 보면, 2020년 프랑스의 이민자 통합 지수는 65%로, 이는 과거 10년 동안 약 20% 증가한 수치이다. 이 수치는 프랑스 사회가 다문화적 환경에서 성공적으로 통합되고 있음을 나타내며, 이민자들이 프랑스 사회의 일원으로서 인정받고 수용되고 있음을 보여준다. 또한, 이러한 통합 정책은 프랑스 사회의 문화적 다양성을 더욱 풍부하게 만들고 있다.

프랑스의 문화 다양성과 국가 정체성은 역사적 배경과 혁명의 이념에 깊이 뿌리를 두고 있다. 프랑스 혁명은 '자유, 평등, 박애'라는 원칙을 통해 문화적 통합 정책의 기초를 마련하였으며, 이는 오늘날 다양한 문화가 공존할 수 있는 기반을 제공한다. 이러한 정책은 프랑스 사회의 통합과 문화적 다양성을 존중하며, 새로운 정체성을 형성하는 데 중요한 역할을 하고 있다. 프랑스의 경험은 다문화 사회가 직면한 과제에 대한 중요한 교훈을 제공하며, 다른 국가들이 문화적 다양성을 수용하고 통합할 방법을 모색하는 데 기여할 수 있다. 이러한 역사적 교훈은 현대 사회에서도 여전히 중요한 의미를 지니며, 글로벌화가 진행되는 오늘날의 복잡한 사회적 맥락에서 더욱 두드러지게 나타나고 있다. 따라서 프랑스 혁명과 그에 따른 공화주의 원칙은 단순히 과거의 사건이 아니라, 현재와 미래의 다문화 사회를 이해하고 발전시키는 데 필수적인 요소로 작용하고 있다. 이러한 맥락에서, 프랑스의 혁명적 경험은 다른 국가들이 문화적 다양성을 존중하고 포용하는 데 있어 중요한 참고자료가 될 수 있으며, 각국의 정책 입안자들이 보다 효과적인 통합 전략을 수립하는 데 기여할 수 있다.

프랑스의 역사에서 식민주의는 국가의 확장과 문화적 교류를 형성하는 중요한 요소로 자리 잡고 있다. 17세기부터 20세기 중반까지, 프랑스는 아프리카, 아시아, 아메리카 등 여러 지역에 걸쳐 식민지를 확장하며 세계적인 제국으로 성장하였다. 이러한 식민지 확장은 단순히 경제적 이익을 추구하는 데 그치지 않고, 문화적 교류와 이주 패턴에도 깊은 영향을 미쳤다. 이 과정에서 프랑스는 식민지 주민들과의 상호작용을 통해 다양한 문화적 요소를 받아들이고, 동시에 그들의 문화도 프랑스 사회에 영향을 미쳤다. 이러한 상호작용은 프랑스의 문화적 정체성을 더욱 풍부하게 만들었고, 다양한 문화가 공존하는 현대 사회의 기초를 마련하는 데 기여하였다.

프랑스의 식민지 확장은 17세기 초부터 시작되었으며, 최초의 식민지는 1608년 캐나다의 퀘벡에서 시작되었다. 이는 이후 프랑스의 식민지 제국의 기초가 되었다. 이후 프랑스는 아이티, 알제리, 베트남, 모로코 등지로 식민지를 확장하였다. 특히 19세기에는 아프리카와 아시아에 대한 식민지 지배가 두드러졌다. 1830년, 프랑스는 알제리를 군사적으로 정복하고, 이후 약 132년간 그 지역을 지배하였다. 이 과정에서 알제리와 프랑스 본국 간의 문화적 교류가 활발히 이루어졌다. 이러한 식민지 확장은 프랑스의 경제적 이익뿐 아니라 문화적 다양성을 확대하는 데도 기여하였다.

프랑스 식민지 정책은 '프랑스화'라는 개념을 중심으로 전개되었다. 이는 식민지 주민들이 프랑스의 언어, 교육, 법률 체계 등을 받아들이도록 유도하는 정책이었다. 이러한 정책은 문화적 동화와 동시에 프랑스의 문화적 요소를 식민지에 전파하는 데 기여하였다. 예를 들어, 알제리에서는 프랑스어가 공식 언어로 채택되었고, 프랑스식 교육 시스템이 도입되었다. 이로 인해 알제리 사회는 프랑스의 문화적 영향을 받게 되었으며, 이는 현재까지도 이어지고 있다. 실제로, 프랑스어는 현재 알제리에서 공용어로 사용되며, 교육 및 행정 분야에서도 중요한 역할을 하고 있다. 한편, 프랑스 식민지에서의 문화적 교류는 양방향으로 이루어졌다. 프랑스는 식민지의 전통과 문화를 일부 수용하면서도, 반대로 식민지 주민들도 프랑스 문화에 영향을 미쳤다. 예를 들어, 알제리의 전통 음식이 프랑스 요리에 통합되거나, 아프리카의 음악과 춤이 프랑스의 문화 행사에서 소개되는 경우가 많았다. 이러한 문화적 상호작용은 프랑스 사회의 다양성을 더욱 풍부하게 만드는 데 기여하였다. 프랑스의 요리와 음악은 이러한 영향을 통해 더욱 다채로워졌으며, 이는 프랑스 문화의 정체성을 형성하는 데 중요한 역할을 하였다.

프랑스 식민지의 문화적 교류는 다양한 예술적 표현으로도 나타났다. 예를 들어, 인상파 화가들은 북아프리카에서의 경험을 바탕으로 새로운 예술적 스타일을 창조하였고, 이는 프랑스 미술사에 큰 영향을 미쳤다. 클로드 모네와 같은 화가들은 알제리의 풍경을 그리며, 그들의 작품에 이국적인 색감을 추가하였다. 이러한 문화적 융합은 프랑스 예술계에서 새로운 흐름을 만들어냈으며, 이는 현대 예술의 발전에도 기여하였다. 이와 같은 상호작용은 프랑스의 미술뿐만 아니라 문학, 음악 등 다양한 분야에서도 국경을 넘어선 문화적 교류를 촉진하였다. 식민지 확장은 프랑스 본국으로의 이주를 촉진하는 중요한 요소로 작용하였다. 19세기 후반부터 20세기 초반까지, 많은 식민지 주민들이 경제적 기회를 찾아 프랑스로 이주하였다. 이들은 대개 노동력을 필요로 하는 산업 분야에서 일하기 위해 이주하였고, 이는 프랑스의 경제 발전에 기여하였다. 예를 들어, 1930년대에는 약 100,000명의 알제리 이민자들이 프랑스에 정착하였으며, 이들은 주로 농업, 건설업, 제조업 등 다양한 분야에서 중요한 역할을 하였다. 이로 인해 프랑스의 산업 구조가 변화하고, 이는 국가 경제에 긍정적인 영향을 미쳤다.

이주 배경에는 여러 요인이 작용하였다. 첫째, 식민지 지역에서의 경제적 불안정과 빈곤은 많은 사람들을 프랑스로 이주하도록 유도하였다. 알제리와 같은 식민지에서는 농업 기반이 약화되고 산업화가 이루어지지 않으면서 많은 사람들이 생계를 유지하기 어려워졌다. 예를 들어, 19세기 후반 알제리에서는 전통적인 농업 시스템이 붕괴되고 많은 농민들이 생계를 잃게 되었다. 둘째, 프랑스 정부가 식민지 주민들에게 프랑스 본국에서의 생활을 제안한 것도 이주를 촉진하는 요인이었다. 예를 들어, 1914년 제1차 세계대전 당시 프랑스는 전선에서의 병력 부족 문제를 해결하기 위해 식민지에서의 이주를 장려하였다. 이 과정에서 많은 알제리인들이 프랑스로 이주하여 군 복무를 하거나 전후 복구 작업에 참여하게 되었다. 이와 같은 이주는 단순히 경제적 필요에 그치지 않고, 문화적 다양성을 형성하는 중요한 요소로 작용하였다. 식민지 주민들은 프랑스 사회에 정착하면서 그들의 전통과 문화를 함께 가져왔고, 이는 프랑스 사회의 다양성을 증대시키는 데 기여하였다. 알제리 이민자들 중 일부는 프랑스에서 성공적인 사업가로 성장하거나 예술가로 활동하며 그들의 문화적 유산을 프랑스 사회에 통합하였다. 이러한 사례는 프랑스의 다문화적 정체성을 형성하는 데 중요한 기여를 하였다. 특히, 1960년대 이후에는 알제리 독립 전쟁으로 인해 프랑스에 정착한 이민자들이 많아졌다. 이들은 프랑스 사회에서 정치적, 사회적 갈등의 원인이 되기도 했지만, 동시에 문화적 교류의 중요한 매개체로 작용하였다. 예를 들어, 알제리 출신의 음악가들은 프랑스에서 다양한 음악 장르를 개발하며, 이로 인해 새로운 문화적 흐름이 형성되었다. 또한, 이민자들은 프랑스 사회의 여러 분야에서 중요한 역할을 수행하며, 그들의 경험과 문화를 바탕으로 프랑스 사회의 다양성을 더욱 풍부하게 만들었다. 이와 같은 문화적 기여는 프랑스 사회 내에서 인식되고 존중받는 과정을 통해 더욱 강화되었다.

프랑스의 식민지 역사와 이민의 시작은 현대 사회에서도 여전히 중요한 의미를 지니고 있다. 오늘날 프랑스는 다문화 사회로서 다양한 민족과 문화가 공존하고 있으며, 이는 과거의 식민지 경험과 깊은 연관이 있다. 예를 들어, 프랑스의 도시들에서는 다양한 문화 행사와 축제가 열리며, 이는 이민자들이 가져온 문화적 요소를 기념하고 존중하는 기회를 제공한다. 이러한 행사들은 프랑스 사회의 통합과 다양성을 증진시키는 데 기여하고 있다. 또한, 다양한 민족적 배경을 가진 사람들이 함께 참여함으로써 서로에 대한 이해와 존중을 높이고,

사회적 결속력을 강화하는 데 기여하고 있다.

프랑스 사회 내 이민자들이 겪는 도전 과제는 식민지 역사와 밀접하게 연결되어 있다. 이민자들은 종종 사회적, 경제적 불평등에 직면하며, 이는 그들의 사회적 통합을 어렵게 만드는 요인이 될 수 있다. 이러한 문제를 해결하기 위한 정책적 노력이 필요하다. 예를 들어, 프랑스 정부는 이민자들의 사회적 통합을 촉진하기 위해 다양한 지원 프로그램을 운영하고 있으며, 이는 과거의 식민지 경험을 반영한 정책적 접근으로 볼 수 있다. 이러한 정책은 특히 교육, 직업 훈련, 언어 학습, 문화적 교류를 포함하여 이민자들이 프랑스 사회에 보다 원활하게 적응할 수 있도록 돕고 있다. 또한, 프랑스 정부는 이민자와 그 후손들이 사회의 여러 분야에서 공정하게 대우받을 수 있도록 법적, 제도적 장치를 강화하고 있다. 프랑스의 다문화 사회는 정치적 맥락에서도 중요한 의미를 지닌다. 이민자들은 프랑스의 정치적 삶에 적극적으로 참여하고 있으며, 이는 다양한 목소리가 반영되는 민주적인 사회를 만드는 데 기여하고 있다. 예를 들어, 알제리 출신의 정치인들이 프랑스의 지방정부 및 국회에서 활동하며 이민자들의 권리를 대변하고, 그들의 경험을 바탕으로 정책을 제안하는 사례가 증가하고 있다. 이러한 현상은 프랑스 사회에서 다문화적 정체성이 점차 인정받고 있음을 보여준다.

프랑스의 식민지 역사와 이민의 시작은 문화적 정체성과 시민권 문제를 둘러싼 논의에서도 중요한 역할을 하고 있다. 식민지 경험은 프랑스 사회 내에서 인종적, 문화적 다양성이 어떻게 다뤄지고 있는지를 반영하며, 이로 인해 프랑스 사회는 지속적으로 자신의 정체성을 재정립해야 하는 과제를 안고 있다. 이민자들이 프랑스 사회에서 차별이나 배제를 겪는 경우가 빈번하게 발생하며, 이는 사회적 갈등과 긴장을 초래하기도 한다. 이러한 문제는 프랑스 사회가 다문화 사회로 나아가는 과정에서 반드시 해결해야 할 중요한 과제가 된다. 프랑스의 문화적 다양성은 사회적 통합뿐만 아니라 경제적 발전에도 긍정적인 영향을 미친다. 다양한 민족과 문화가 함께 어우러지면서 새로운 산업과 비즈니스 모델이 형성되고 있으며, 이는 경제적 성장으로 이어지고 있다. 예를 들어, 프랑스의 요식업계는 북아프리카, 아시아, 서아프리카 출신 이민자들이 가져온 다양한 요리 문화 덕분에 더욱 풍부해졌다. 이러한 문화적 융합은 프랑스의 미식 문화를 세계적으로 알리는 데 기여하며, 관광 산업에도 긍정적인 영향을 미치고 있다.

결국 프랑스의 식민지 확장은 문화적 교류와 이민의 시작을 형성하는 중요한 요소로 작용하였다. 식민지 주민들은 프랑스 본국으로 이주하면서 그들의 문화와 전통을 가져왔고, 이는 프랑스 사회의 다양성을 증대시키는 데 기여하였다. 이러한 역사적 배경은 오늘날 프랑스가 다문화 사회로 자리 잡는 데 중요한 역할을 했으며, 프랑스의 문화적 정체성을 이해하는 데 필수적이다. 프랑스의 경험은 다른 국가들이 문화적 다양성을 수용하고 통합하는 데 있어 귀중한 교훈을 제공하며, 현대 사회의 복잡한 맥락에서 여전히 중요한 의미를 지닌다. 식민주의와 이민의 시작은 단순히 과거의 사건이 아니라, 현재와 미래의 사회적 통합과 문화적 다양성을 이해하는 데 필수적인 요소로 작용하고 있다. 이러한 역사적 교훈은 다양한 문화가 공존하는 사회를 만들기 위한 정책과 전략을 개발하는 데 중요한 기초가 될 것이다.

프랑스 사회는 앞으로도 이러한 역사적 맥락을 고려하여 보다 포괄적이고 포용적인 사회를 만들어가기 위한 노력을 지속해야 한다. 이는 단순한 정책적 접근을 넘어 시민들이 서로의 문화를 존중하고 이해하는 태도를 갖추는 데 기여할 것이다. 궁극적으로, 프랑스의 식민지 역사와 이민의 시작은 보다 나은 미래를 위해 어떤 방향으로 나아가야 하는지를 고민하게 만드는 중요한 교훈이 될 것이다.

현대 프랑스는 복잡한 이민 및 식민지 경험을 바탕으로 다문화 사회로의 전환을 겪고 있다. 20세기 중반 이후 탈식민화가 진행되면서, 프랑스는 다양한 문화적 배경을 가진 이민자들이 대거 유입되는 사회적 변화를 경험하였다. 이러한 변화는 경제적, 정치적, 문화적 측면에서 큰 영향을 미치며, 글로벌화와 다문화주의의 확산 또한 중요한 역할을 하고 있다.

탈식민화 이후의 이민 증가와 사회적 변화

탈식민화 과정은 프랑스의 식민지 국가들에서의 독립 운동과 밀접하게 연결되어 있다. 1950년대와 1960년대에는 알제리, 모로코, 튀니지 등 북아프리카 국가들이 독립을 쟁취하였고, 이로 인해 많은 식민지 주민들이 프랑스로 이주하게 되었다. 이들은 경제적 기회를 찾아 정착하였으며, 이는 프랑스 사회의 인구 구성에 중대한 변화를 가져왔다. 예를 들어, 1962년 알제리 독립 이후 약 900,000명의 알제리인이 프랑스로 이주하였고, 이는 이민자 수의 급격한 증가를 초래하였다.

이민의 증가는 프랑스 사회에서 다양성을 증대시키는 동시에 사회적 긴장과 갈등을 초래하였다. 이민자들은 프랑스 사회에 통합되는 과정에서 언어 장벽, 경제적 불평등, 문화적 차이로 인해 여러 도전에 직면하게 된다. 연구에 따르면, 이민자들은 고용 시장에서 차별을 경험하며, 이는 그들의 사회적, 경제적 지위를 악화시키는 요인이 된다. 2020년 프랑스 통계청(INSEE) 자료에 따르면, 이민자 가구의 27%가 빈곤선 아래에서 생활하고 있으며, 이는 프랑스 사회의 불평등 문제를 심화시키는 원인 중 하나이다.

프랑스 사회에서 이민자들은 다양한 직업 및 사회적 지위를 가진 개인들로 구성되어 있으며, 이로 인해 그들의 경험과 요구가 상이하다. 일부 이민자들은 고학력자로서 프랑스의 고급 직종에 종사하는 반면, 다른 이들은 저임금 노동 시장에서 일하거나 실업 상태에 있는 경우가 많다. 이러한 사회적 이질성은 이민자들 간의 갈등을 유발할 수 있으며, 사회적 통합을 어렵게 만드는 요인으로 작용한다.

이러한 사회적 변화는 정치적 맥락에서도 중요한 의미를 지닌다. 이민자들은 정치적 권리를 주장하고, 그들의 목소리를 대변할 기회를 요구하게 되었다. 이로 인해 이민자 출신의 정치인들이 지방 정부 및 국가 정치에 참여하게 되었으며, 이는 프랑스 정치의 다양성을 증대시키는 결과를 가져왔다. 예를 들어, 2007년 프랑스 대선에서 세그

롤렌 로얄 후보는 이민자 출신 인물들을 주요 정치적 위치에 배치하며, 다양성을 중시하는 정책을 추진하였다.

프랑스의 정치적 환경은 이민자들이 차별과 사회적 불평등에 맞서기 위해 조직적으로 행동하도록 유도하였다. 이민자 단체와 시민 단체들은 사회적 불평등 문제를 제기하고, 정치적 권리를 주장하는 데 적극적으로 참여하고 있다. 이러한 움직임은 프랑스 사회 내에서 이민자들의 권리와 정체성을 인정받는 데 기여하고 있으며, 이는 결국 프랑스의 민주주의를 강화하는 데 긍정적인 영향을 미친다.

글로벌화와 다문화주의 확산

글로벌화는 현대 프랑스 사회의 중요한 요소로 작용하고 있다. 세계화의 흐름 속에서 프랑스는 다양한 문화적 교류가 이루어지는 공간으로 변모하고 있으며, 이는 경제, 교육, 문화 분야에서 특히 두드러진다. 프랑스는 다양한 문화적 배경을 가진 인재들을 수용하는 데 중점을 두고 있으며, 이는 이민자들이 프랑스 사회에 통합되는 데 기여하고 있다. 예를 들어, 프랑스의 대학들은 국제 학생들을 위한 프로그램을 확대하고 있으며, 2022년 프랑스의 유학생 수는 약 400,000명에 달한다.

글로벌화는 프랑스의 문화적 풍요로움을 증대시키고 있다. 다양한 문화적 배경을 가진 이민자들은 프랑스 사회에 그들의 전통과 문화를 가져오며, 이는 예술, 음악, 요리 등 다양한 분야에서 새로운 흐름을 만들어낸다. 다문화주의는 다양한 문화가 공존하고 존중받는 사회를 지향하며, 이는 프랑스 사회의 정책과 관행에서도 반영되고 있다. 프랑스 정부는 다문화주의를 지향하는 정책들을 추진하고 있으며, 이는 이민자들이 프랑스 사회에 통합될 수 있는 기회를 제공한다.

이러한 다문화주의 정책은 프랑스 사회의 정체성을 재정립하는 데 기여하고 있으며, 이는 프랑스가 다문화 사회로서의 정체성을 강화하는 데 중요한 역할을 한다. 그러나 이러한 변화는 사회적 갈등을 초래할 수 있으며, 일부 극단적인 정치 세력은 다문화 사회에 대한 반감을 표출하기도 한다. 이는 프랑스 사회가 다문화적 정체성을 어떻게 유지하고 발전시킬 것인지에 대한 중요한 질문을 던진다.

다문화 사회의 도전과 기회

현대 프랑스의 다문화 사회는 여러 가지 도전과 기회를 동시에 안고 있다. 다문화 사회는 다양한 문화적 배경을 가진 개인들이 서로를 인정하고 존중하는 환경을 만들 수 있는 잠재력을 지니고 있다. 그러나 이러한 가능성은 종종 사회적 긴장과 갈등에 의해 가로막히기도 한다. 이민자들이 프랑스 사회에 통합되는 과정에서 발생하는 차별, 고용 불평등, 사회적 배제 문제는 여전히 해결해야 할 과제로 남아 있다. 또한, 프랑스 사회 내에서 이민자들이 겪는 도전은 경제적 측면에 국한되지 않는다. 이민자들은 그들의 문화적 배경을 유지하고 싶어하지만, 동시에 프랑스 사회에 통합되기를 원하기 때문에 정체성의 혼란을 경험할 수 있다. 이는 개인적 차원뿐만 아니라 사회적 차원에서도 갈등을 초래할 수 있다.

반면, 이러한 도전 속에서도 다문화 사회가 제공하는 기회는 크다. 다양한 문화가 상호작용하면서 새로운 아이디어와 혁신이 탄생할 수 있는 토대가 마련된다. 프랑스의 예술 및 문화 분야에서는 이민자들이 가져온 다양한 문화적 요소가 결합되어 새로운 예술적 표현이 창출되고 있다. 이는 프랑스 문화의 풍부함을 강화하며, 세계적으로도 인정받는 문화적 다양성을 만들어 가는 데 기여한다. 경제적 기회 창출에 있어서도 긍정적인 영향을 미친다. 다양한 배경을 가진 인재들이 모여 혁신적인 아이디어를 도출하고, 새로운 비즈니스 모델을 개발하는 과정에서 경제적 성장을 이끌어낼 수 있다. 실제로, 프랑스의 스타트업 생태계는 다양한 문화적 배경을 가진 기업가들에 의해 활성화되고 있으며, 이는 경제적 다각화를 이끌어내고 있다.

현대 프랑스의 다문화 사회는 복잡한 도전과 기회를 동시에 안고 있으며, 정책적 접근이 중요한 역할을 한다. 프랑스 정부는 이민자들이 사회에 통합될 수 있도록 다양한 정책을 시행하고 있으며, 이는 교육, 고용, 사회적 통합을 포함한다. 정부는 언어 교육 프로그램을 강화하고, 이민자들이 노동 시장에 진입할 수 있도록 지원하는 다양한 프로그램을 제공하고 있다. 또한, 프랑스의 지방 정부들은 이민자와 그 후손들이 지역 사회에 적극적으로 참여할 수 있도록 다양한 문화 행사와 프로그램을 운영하고 있다. 이러한 프로그램은 이민자들이 자신의 문화를 유지하면서도 프랑스 사회에 통합될 수 있는 기회를 제공한다. 예를 들어, 파리에서는 매년 '다문화 축제'가 열리며, 이 행사에서는 다양한 문화적 배경을 가진 사람들이 모여 서로의 문화를 공유하고 이해하는 기회를 제공한다.

사회적 통합을 위한 지속적인 노력

프랑스의 다문화 사회로의 전환은 단순한 이민 증가의 결과가 아니라, 다양한 문화가 상호작용하며 새로운 사회적 정체성을 형성하는 복잡한 과정이다. 이 과정에서 프랑스 사회는 지속적으로 사회적 통합을 위한 노력을 기울여야 하며, 이는 모든 시민이 동등하게 대우받고 자신의 문화를 존중받을 수 있는 환경을 만드는 데 필수적이다. 이를 위해 정책적 접근과 사회적 인식의 변화가 모두 필요하다.

이민자들에 대한 편견과 차별을 극복하기 위해 교육이 매우 중요하다. 교육 기관에서는 다문화 교육을 통해 학생들이 다양한 문화적 배경을 이해하고 존중하는 태도를 기를 수 있도록 해야 한다. 이는 미래 세대가 더욱 포용적이고 다양한 사회를 만드는 데 기여할 기초가 된다. 프랑스 많은 학교에서 운영되는 다문화 교육 프로그램은 학생들이 서로 다른 문화적 배경을 가진 친구들과의 관계를 형성하고, 다양성을 존중하는 법을 배우는 데 도움을 준다.

미디어와 커뮤니케이션의 역할도 중요하다. 언론은 이민자와 그들의 문화에 대한 긍정적인 이미지를 전달함으로써 사회적 통합을 촉진할 수 있다. 프랑스의 다양한 매체들은 이민자들의 성공 사례와 그들이 프랑스 사회에 기여하는 방식에 대한 이야기를 다루어 사회적 인식을 변화시키는 데 기여할 수 있다. 미디어는 이민자들이 단순한 수혜자가 아니라 프랑스 사회의 중요한 구성원이라는 사실을 강조해야 한다. 결론적으로, 현대 프랑스는 탈식민화 이후의 이민 증가와 사회적 변화, 글로벌화 및 다문화주의의 확산이라는 두 가지 주요 흐름 속에서 다문화 사회로의 전환을 경험하고 있다. 이 과정에서 프랑스는 다양한 문화적 배경을 가진 이민자들을 수용하고, 이들이 프랑스 사회에 기여할 수 있는 기회를 제공하고 있다. 그러나 이러한 변화는 사회적 불평등과 긴장, 정치적 갈등을 초래하는 복잡한 양상도 동반하고 있다.

따라서 프랑스 사회는 앞으로 다양한 문화가 공존할 수 있는 환경을 조성하기 위해 지속적인 노력이 필요하다. 이는 정책적 접근을 넘어, 시민들이 서로의 문화를 이해하고 존중하는 태도를 함양하며 포용적인 사회를 만드는 데 기여할 것이다. 현대 프랑스의 다문화 사회로의 전환은 오늘날 우리가 직면한 글로벌 사회의 복잡성을 이해하고 대응하는 중요한 교훈이 된다. 이러한 교훈은 프랑스뿐만 아니라 다른 다문화 사회에서도 참고할 수 있는 중요한 사례로 남게 될 것이다.

마지막으로, 현대 프랑스의 다문화 사회는 미래에 대한 지속적인 논의와 연구의 주제가 되어야 하며, 이는 프랑스 사회가 더 포용적이고 공정한 사회로 나아가는 데 기여할 것이다. 이러한 연구는 다문화 사회가 직면한 도전과 기회를 이해하고 이를 해결하기 위한 정책적 대안을 제시하는 데 중요한 역할을 할 것이다. 프랑스가 다문화 사회로서의 정체성을 지속적으로 재정립해 나가는 과정에서 시민 모두가 함께 참여하고 기여할 수 있는 사회적 환경을 만드는 것이 필수적이다.

1.2 공시적 관점에서의 프랑스 국가 정체성

프랑스의 국가 정체성은 역사적, 사회적, 문화적 요소가 복합적으로 얽혀 형성된 복잡한 개념으로, 프랑스의 국가 정체성을 형성하는 주요 요소들과 그 상호작용을 탐구하고, 공시적 관점에서의 정체성을 살펴보고자 한다.

프랑스의 국가 정체성은 여러 세기에 걸쳐 형성되었으며, 이 과정에서 발생한 역사적 사건들은 프랑스인의 정체성을 결정짓는 중요한 요소로 작용해왔다. 중세부터 근대에 이르기까지의 역사적 배경은 현재 프랑스 정체성을 이해하는 데 필수적이다. 특히, 1789년 프랑스 혁명은 국가 정체성의 기초를 다지는 데 중대한 역할을 했다. 혁명은 '자유, 평등, 박애'라는 이념을 통해 프랑스인들이 국가의 주체로서 정체성을 확립하는 계기가 되었다. 이러한 이념은 프랑스 헌법에 명시되었으며, 이후 프랑스 사회의 기본 가치로 자리 잡았다.

프랑스 혁명 이후 국가 정체성은 단순한 정치적 요소를 넘어 사회적 통합과 문화적 정체성으로 확장되었다. 19세기 중반 프랑스 제3공화국 수립 시 '프랑스화'라는 개념이 등장하였고, 이는 모든 시민이 프랑스어를 사용하고 프랑스 문화를 수용해야 한다는 강한 압박을 의미했다. 이 과정에서 프랑스는 다양한 민족과 문화가 공존하는 사회에서 통합의 중요성을 강조하였고, 이는 국가 정체성에 큰 영향을 미쳤다.

제1차 및 제2차 세계대전은 프랑스의 국가 정체성에 중대한 영향을 미쳤다. 전후 복구 과정에서 프랑스는 국가의 통합과 재건을 위한 다양한 정책을 시행하였으며, 이는 국가 정체성을 더욱 강화하는 계기가 되었다. 전쟁 이후, 프랑스는 유럽 통합의 선두 주자로 나서며 공동체의 일원으로서의 정체성을 확립하였다. 이러한 역사적 배경은 현대 프랑스의 국가 정체성을 이해하는 데 필수적인 요소로 작용하고 있다.

프랑스의 국가 정체성은 정치적 철학과 깊은 연관이 있다. 계몽주의 사상가들의 영향은 프랑스의 정치적 정체성을 형성하는 데 중요한 역할을 했다. 대표적인 사상가로는 장 자크 루소와 몽테스키외가 있다. 루소는 '사회계약론'을 통해 개인의 자유와 평등을 강조하였고, 이는 프랑스 민주주의적 전통의 뿌리를 이루고 있다. 몽테스키외는 권력 분립의 중요성을 주장하며, 이는 프랑스의 정치적 구조에 반영되었다. 이러한 정치적 철학은 프랑스 헌법과 법률 체계에 깊이 스며들어 있다. 프랑스 정부는 공화주의 원칙을 기반으로 모든 시민에게 평등한 권리를 보장하고 있으며, 이는 현대 프랑스 사회의 정치적 정체성을 형성하는 주요 요소로 작용하고 있다. 이 원칙은 프랑스가 다문화 사회로 전환하면서 모든 시민이 동등하게 대우받아야 한다는 메시지를 내포하고 있다. 2022년 프랑스 통계청의 자료에 따르면, 다양한 민족과 문화가 조화를 이루는 데 이러한 정치적 철학이 중요한 역할을 하고 있다. 프랑스의 정치적 정체성은 국가의 통합과 사회적 연대감에 기반하고 있다. 헌법은 모든 시민이 공화국의 일원으로서 동등한 권리를 가지며, 이는 국가의 통합을 촉진하는 중요한 요소이다. 현대 프랑스에서 이러한 정치적 철학은 이민자들의 권리와 사회적 통합을 인정하는 방향으로 발전하고 있으며, 이는 프랑스 국가 정체성의 다원성을 증대시키는 데 기여하고 있다.

프랑스의 국가 정체성은 문화적 다양성과 밀접한 관련이 있다. 프랑스는 역사적으로 다양한 민족과 문화가 공존해 온 국가로, 이러한 다양성은 국가 정체성의 중요한 구성 요소이다. 20세기 후반부터 시작된 이민의 물결은 프랑스 사회를 더욱 다문화적으로 변화시키는 데 기여했다. 이민자들은 프랑스 사회에 다양한 문화적 요소를 가져왔으며, 이는 음식, 음악, 예술 등 다양한 분야에서 새로운 흐름을 만들어냈다. 예를 들어, 파리의 '다문화 축제'와 같은 행사에서는 다양한 문화적 배경을 가진 사람들이 모여 서로의 문화를 공유하고 이해하는 기회를 제공한다. 이러한 문화적 교류는 프랑스 사회의 통합과 다양성을 증진시키는 데 기여하고 있으며, 이는 현대 프랑스 국가 정체성의 중요한 부분을 차지하고 있다. 2020년 프랑스 정부의 문화 정책에 따르면, 문화적 다양성을 존중하고 포용하는 것이 국가 정체성을 강화하는 데 필수적이라고 강조하고 있다.

프랑스의 문화적 다양성은 교육 시스템에도 반영되고 있다. 교육 정책은 모든 학생들이 다양한 문화적 배경을 이해하고 존중할 수 있도록 하는 데 중점을 두고 있으며, 이는 젊은 세대가 다문화 사회에서의 정체성을 형성하는 데 기여하고 있다. 다문화 교육 프로그램은 학생들이 서로 다른 문화적 배경을 가진 친구들과의 관계를 형성하고, 다양성을 존중하는 법을 배우게 한다. 이러한 교육적 접근은 프랑스 국가 정체성의 포용성을 높이는 데 중요한 역할을 한다.

현대 사회에서 프랑스 국가 정체성은 여러 가지 도전과 기회를 경험하고 있다. 글로벌화가 진행됨에 따라 프랑스는 다양한 문화적 요소를 수용하게 되었고, 이는 국가 정체성의 재정립을 요구하고 있다. 이민자와 그 후손들이 사회의 여러 분야에서 활동하면서 그들의 정체성과 프랑스 정체성을 어떻게 조화롭게 통합할 것인지에 대한 논의가 활발히 이루어지고 있다.

프랑스 내에서는 이민자들에 대한 차별 문제와 사회적 불평등이 여전히 존재하며, 이는 국가 정체성에 대한 논란을 일으킨다. 2015년 파리 테러 사건 이후 이민자와 무슬림 커뮤니티에 대한 사회적 편견이 심화되었고, 이는 프랑스 사회의 통합을 어렵게 만드는 요인이 되고 있다. 이러한 사회적 갈등은 프랑스의 국가 정체성에 도전하는 요소로 작용하며, 이는 정부가 다문화 사회로서의 정체성을 강화하기 위해 다양한 정책을 추진하는 이유이기도 하다.

프랑스 정부는 이민자와 그 후손들이 사회에 통합될 수 있도록 다양한 정책을 시행하고 있으며, 이는 교육, 고용, 사회적 통합을 포함한 여러 분야에서 이루어지고 있다. 정부는 언어 교육 프로그램을 강화하고, 이민자들이 노동 시장에 진입할 수 있도록 지원하는 다양한 프로그램을 제공하고 있다. 이를 통해 이민자들은 프랑스어를 배우고, 직업 훈련을 통해 필요한 기술을 습득할 기회를 얻게 된다.

프랑스의 다문화 사회에서 사회적 통합은 국가 정체성을 재정립하는 데 필수적이다. 이를 위해 모든 시민이 존중받고 소속감을 느낄 수 있는 사회를 조성하는 노력이 필요하다. 현대 프랑스에서 이민자들에 대한 편견과 차별을 극복하기 위해 교육의 역할이 중요하다. 교육 기관은 다문화 교육을 통해 학생들이 다양한 문화적 배경을 이해하고 존중하는 태도를 기를 수 있도록 해야 하며, 이는 미래 세대가 더욱 포용적이고 다양한 사회를 만드는 기초가 된다.

프랑스의 많은 학교에서는 다문화 교육 프로그램을 운영하여 학생들이 서로 다른 문화적 배경을 가진 친구들과의 관계를 형성하고 다양성을 존중하는 법을 배우게 한다. 이러한 접근은 프랑스 국가 정체성의 포용성을 높이는 데 기여하고 있다. 예를 들어, 프랑스 교육부는 '다문화 사회에서의 교육'을 주제로 여러 세미나와 워크숍을 진행하여 교육자들에게 다문화 교육의 중요성을 인식시킨다.

미디어와 커뮤니케이션의 역할도 중요하다. 언론은 이민자와 그들의 문화에 대한 긍정적인 이미지를 전달함으로써 사회적 통합을 촉진할 수 있다. 프랑스의 다양한 매체는 이민자들의 성공 사례와 그들이 프랑스 사회에 기여하는 방식에 대한 이야기를 다루어 사회적 인식을 변화시키는 데 기여한다. 미디어는 이민자들이 단순한 수혜자가 아닌 프랑스 사회의 중요한 구성원임을 강조해야 한다.

프랑스의 국가 정체성은 글로벌화와 다문화 사회로의 전환이라는 도전 속에서도 다양한 기회를 제공한다. 현대 사회에서 프랑스는 여러 문화가 공존하는 공간으로 변모하고 있으며, 이는 국가 정체성의 복잡성을 부각시킨다. 글로벌화에 따라 프랑스는 다양한 문화적 요소를 수용하게 되었고, 이는 국가 정체성의 재정립을 요구한다. 특히,

이민자와 그 후손들이 사회의 여러 분야에서 활동하면서 그들의 정체성과 프랑스 정체성을 어떻게 조화롭게 통합할 것인지에 대한 논의가 활발히 이루어지고 있다.

프랑스의 다문화 사회에서 이민자들은 경제적, 사회적, 문화적 기여를 하고 있으며, 이는 국가 발전에 긍정적인 영향을 미친다. 예를 들어, 프랑스의 요식업계는 북아프리카, 아시아, 카리브해 지역의 요리와 융합되어 다채로운 식문화를 형성하고 있다. 이는 프랑스의 미식 문화를 세계적으로 알리는 데 기여하며, 관광 산업에도 긍정적인 영향을 미친다. 2021년 프랑스의 관광 수입은 약 570억 유로에 달하며, 이 중 상당 부분이 문화적 다양성에서 기인하고 있다. 다양한 문화적 배경을 가진 개인들이 모여 혁신적인 아이디어를 도출하고 새로운 비즈니스 모델을 개발하는 과정에서도 경제적 성장을 이끌어낼 수 있다. 실제로, 프랑스의 스타트업 생태계는 다양한 문화적 배경을 가진 기업가들에 의해 활성화되고 있으며, 이는 경제적 다각화를 이루는 데 기여하고 있다. 2021년 프랑스의 스타트업 수는 약 30,000개에 달하며, 이 중 많은 기업들이 다문화적 배경을 가진 창업자들에 의해 운영되고 있다.

이런 점에서 프랑스의 국가 정체성은 역사적, 정치적, 문화적 요소들이 복합적으로 얽힌 결과물이다. 공시적 관점에서 이러한 요소들은 서로 상호작용하며 프랑스 사회의 복잡성을 형성하고 있다. 역사적으로 식민지 경험과 혁명은 국가 정체성의 기초를 다졌고, 정치적 철학은 민주주의적 전통을 구축하는 데 기여했다. 문화적 다양성은 현대 프랑스 사회의 중요한 특징으로 자리 잡고 있으며, 이는 국가 정체성을 더욱 풍부하게 만드는 요소로 작용하고 있다.

현대 프랑스는 글로벌화와 다문화 사회로의 전환이라는 도전 속에서도 국가 정체성을 재정립하려는 노력을 지속하고 있다. 이러한 노력은 모든 시민이 존중받고 소속감을 느낄 수 있는 사회를 만드는 데 필수적이며, 이는 궁극적으로 프랑스가 직면한 다양한 사회적 문제를 해결하는 데 기여할 것이다. 프랑스의 국가 정체성은 과거의 유산이 아니라, 현재와 미래의 사회적 통합과 문화적 다양성을 포용하는 지속적인 과정이다. 이를 통해 프랑스는 더욱 포용적이고 다채로운 사회로 나아갈 수 있을 것이다.

프랑스의 국가 정체성은 앞으로도 지속 가능한 사회를 위한 중요한 요소로 작용할 것이다. 국가 정체성의 지속 가능성을 위해서는 정치적 포용성, 사회적 연대감, 교육적 접근, 문화적 교류가 필요하다. 정치적 포용성은 모든 시민이 정치적 권리를 행사할 수 있도록 하는 것이며, 이는 다양한 문화적 배경을 가진 사람들이 정치적 의사 결정 과정에 참여할 기회를 제공한다. 사회적 연대감은 이민자와 그 후손들이 존중받고 그들의 문화적 배경이 인정받는 환경을 조성해야 한다.

교육적 접근은 다문화 교육을 통해 학생들이 서로 다른 문화적 배경을 이해하고 존중하는 태도를 기르는 것이다. 문화적 교류는 다양한 문화적 배경을 가진 개인들이 서로의 문화를 경험하고 교류할 수 있는 기회를 제공하는 것이다.

그래서 프랑스의 국가 정체성은 역사적 경험과 현대 사회의 복잡성을 반영하는 중요한 개념이다. 앞으로의 연구와 사회적 논의는 이러한 정체성을 깊이 이해하고, 다문화 사회로서의 프랑스의 정체성을 강화하는 데 중요한 역할을 할 것이다. 프랑스는 이러한 과정을 통해 글로벌 사회에서 더욱 포용적이고 지속 가능한 국가로 발전할 수 있을 것이다.

라이시테(Laïcité) 원칙과 세속주의

프랑스의 라이시테(Laïcité) 원칙은 국가의 세속성을 보장하고, 종교와 국가의 분리를 통해 모든 시민이 평등하게 대우받도록 하는 데 중점을 둔다. 이 원칙은 프랑스의 역사적, 사회적 맥락에서 발전해왔으며, 사회의 정체성과 민주적 가치에 깊은 영향을 미쳐왔다.

라이시테는 '세속성'을 의미하며, 국가가 종교에 영향을 받지 않고 중립적인 입장을 취해야 한다는 원칙을 나타낸다. 이 개념은 1905년 제정된 '종교 자유 법'에 뿌리를 두고 있으며, 이는 국가와 종교 간의 관계를 명확히 규정하는 데 기여했다. 라이시테의 원칙은 프랑스 혁명(1789) 이후의 정치적 변화와 밀접한 관계가 있으며, 혁명 당시에는 종교와 정치가 얽힌 상황을 극복하려는 노력이 있었다. 프랑스 혁명은 개인의 자유와 평등을 강조하는 사건으로, 종교의 권위와 영향력을 약화시키는 계기가 되었다. 당시 가톨릭 교회의 권력은 강했으나, 혁명 이후 이러한 권력은 제한되었고 국가의 세속성이 강조되었다. 예를 들어, 교회의 재산 몰수와 성직자의 권한 제한은 종교의 정치적 영향력을 약화시키는 주요 조치였다.

19세기 중반, 특히 제3공화국 시기에 라이시테 원칙은 더욱 강화되었다. 이 시기에 프랑스는 교육 개혁을 통해 공립학교 시스템을 강화하였고, 이는 교육에서 종교적 영향을 배제하는 방향으로 나아갔다. 1882년 '학교법'은 공립학교에서의 종교 교육을 금지하였으며, 이는 라이시테의 기초를 다지는 법적 근거가 되었다. 이를 통해 프랑스 교육 시스템은 종교와 무관하게 모든 학생에게 동등한 교육 기회를 제공하는 방향으로 발전하였다. 905년 제정된 종교 자유 법은 프랑스 사회에서 라이시테의 기초를 다지는 중요한 법적 근거가 되었다. 이 법은 국가가 종교를 지원하거나 간섭하지 않도록 하여 모든 종교가 평등하게 대우받는 환경을 조성하였다. 법의 핵심 내용 중 하나는 공공 자금이 종교 기관에 사용되지 않도록 하여 종교와 국가 간의 명확한 경계를 설정한 것이다. 이 법은 프랑스 사회에서 라이시테를 확립하는 데 중요한 역할을 하였으며, 오늘날에도 유효하다.

프랑스에서 라이시테 원칙은 공공 영역에서 종교와 국가의 분리를 명확히 규정하고 있다. 이는 교육, 정치, 법률, 공공 서비스 등 다양한 분야에서 종교의 영향을 배제하는 것을 의미한다. 프랑스의 공립학교에서는 종교 교육이 금지되며, 학생들은 종교적 상징물이나 복장을 착용할 수 없다. 이는 모든 학생이 동일한 교육 환경에서 종교적 배경에 관계없이 학습할 수 있도록 보장하기 위한 조치이다. 2004년에 제정된 법은 공립학교에서의 종교적 상징물 착용을 금지하여 학교 내에서의 종교적 중립성을 유지하는 데 기여하고 있다. 이 법은 프랑스 사회에서 라이시테 원칙의 구체적 적용을 보여주는 중요한 사례로, 종교적 다양성이 존재하는 상황에서도 모든 학생이 평등하게 대우받을 수 있는 환경을 조성한다. 예를 들어, 히잡을 착용한 여학생이 학교에 입학할 수 없었던 사례는 라이시테 원칙의 적용 사례로 평가된다.

또한, 공공 기관에서 종교의 영향을 배제하기 위해 프랑스 정부는 다양한 정책을 시행하고 있다. 공공 행정에서 종교적 신념에 따라 차별하지 않도록 보장하기 위해 공무원들은 종교적 상징물을 착용할 수 없다. 이는 공공 서비스의 중립성을 유지하고 모든 시민이 동등하게 대우받는 환경을 조성하는 데 기여한다. 2010년 프랑스 정부는 공공 기관 내에서 종교적 상징물 착용을 금지하는 법안을 통과시켜 라이시테 원칙을 강화하였다.

라이시테 원칙은 프랑스 사회의 정체성과 민주주의적 가치에 큰 영향을 미치고 있다. 이 원칙은 모든 시민이 종교적 신념에 관계없이 동등하게 대우받아야 한다는 가치를 강조하며, 이는 프랑스의 공화주의 원칙과 깊은 연관이 있다. 라이시테는 단순한 법적 원칙이 아니라, 모든 시민이 자유롭게 자신의 신념을 표현할 수 있는 기반이 된다. 이러한 관점에서 라이시테는 프랑스의 문화적 다양성을 존중하면서도 사회적 통합을 촉진하는 중요한 역할을 한다.

그러나 라이시테 원칙은 현대 프랑스 사회에서 여러 도전과 논란에 직면하고 있다. 이민자와 그 후손들이 증가하면서 종교적 다양성이 두드러지게 나타나고 있으며, 이는 라이시테의 적용 방식에 대한 논쟁을 불러일으키고 있다. 이슬람 교도와 같은 특정 종교 집단의 존재는 프랑스 사회에서 라이시테 원칙의 해석과 적용에 대한 새로운 질문을 제기하고 있다. 2015년 파리 테러 사건 이후, 프랑스 사회에서는 이슬람과 관련된 종교적 상징물에 대한 논란이 심화되었다. 이 사건은 프랑스 사회에서 종교적 긴장감을 고조시키며 라이시테 원칙의 필요성을 다시 강조하는 계기가 되었다. 동시에 이러한 논란은 종교적 자유와 라이시테 원칙 간의 균형을 어떻게 유지할 것인지에 대한 고민을 불러일으켰다. 2020년 프랑스 정부는 '이슬람 분리주의'를 방지하기 위한 법안을 통과시켰다. 이 법안은 이슬람 공동체가 프랑스 사회에 통합될 수 있도록 지원하면서 극단적인 종교적 행동을 억제하기 위한 내용을 포함하고 있다. 이 법안은 프랑스 정부가 라이시테 원칙을 강조하면서도 특정 집단의 정체성과 문화를 인정하는 방향으로 나아가려는 노력을 보여준다. 이는 프랑스 사회가 다문화적 환경에서 라이시테 원칙을 어떻게 적용할 것인지에 대한 중요한 사례로, 앞으로의 사회적 논의에 큰 영향을 미칠 것이다. 이 법안은 이슬람 교도들이 프랑스 사회에 통합될 수 있도록 교육과 직업 훈련 프로그램을 제공하는 한편, 종교적 극단주의를 예방하기 위한 다양한 프로그램을 시행하는 내용을 포함하고 있다.

요약하면, 프랑스의 라이시테 원칙은 국가와 종교의 분리를 통해 사회의 평등과 중립성을 보장하는 중요한 개념이다. 이 원칙은 역사적 배경에서 비롯된 법적 근거와 현대 사회에서의 적용을 통해 프랑스의 정체성과 민주주의적 가치를 형성하는 데 기여하고 있다. 라이시테는 모든 시민이 종교적 신념에 관계없이 동등하게 대우받을 수 있는 기반을 제공하며, 이는 프랑스 사회의 통합과 다양성을 존중하는 데 필수적이다. 그러나 현대 프랑스 사회는 종교적 다양성과 관련된 여러 도전과 논란에 직면하고 있으며, 이는 라이시테 원칙의 적용 방식에 대한 새로운 질문을 제기하고 있다. 프랑스는 이러한 도전과제를 해결하기 위해 지속적인 논의와 적절한 정책을 모색해야 할 것이다. 이러한 과정은 프랑스가 다문화 사회로서의 정체성을 강화하고 모든 시민이 존중받고 평등하게 대우받는 사회를 만드는 데 기여할 것이다.

프랑스의 라이시테 원칙은 프랑스 내부의 문제에 국한되지 않고, 전 세계적으로 종교와 국가의 관계에 대한 중요한 교훈을 제공한다. 여러 국가들이 프랑스의 모델을 참고하여 세속주의를 강화하거나 종교적 중립성을 유지하기 위한 정책을 마련하고 있다. 예를 들어, 터키는 오랫동안 세속주의를 강조해왔으며, 이는 프랑스의 라이시테 원칙에서 영향을 받은 것으로 평가된다. 터키의 근대화 과정에서 세속적 법률과 제도가 도입되어 종교와 국가의 분리를 강조하는 방향으로 나아갔다. 그러나 프랑스의 라이시테 원칙은 다른 문화적 맥락에서 다양한 해석을 초래할 수 있다. 미국은 종교의 자유와 국가의 세속성을 동시에 강조하는 문화를 형성하고 있으며, 이는 프랑스와는 다른 접근 방식이다. 미국에서는 종교적 상징물의 공공장소 존재가 비교적 허용되는 반면, 프랑스에서는 이러한 상징물이 라이시테 원칙에 어긋난다고 여겨진다. 이러한 차이는 각국의 역사와 문화적 배경에 따라 달라지며, 프랑스의 라이시테 원칙이 다른 사회에서 어떻게 적용될 수 있는지를 이해하는 데 중요한 요소가 된다.

프랑스의 라이시테 원칙은 현대 사회에서 종교적 극단주의와 테러리즘에 대응하기 위한 중요한 수단으로 작용하고 있다. 정부는 이 원칙을 통해 모든 시민이 평등하게 대우받고 특정 종교가 사회적 우위를 점하지 못하도록 정책을 추진하고 있다. 프랑스 정부는 이슬람 극단주의에 대응하기 위해 교육과 사회 통합 프로그램을 강화하고 있으며, 이는 라이시테 원칙을 유지하면서 사회적 통합을 증진시키기 위한 노력으로 볼 수 있다.

라이시테 원칙은 교육 분야에서도 중요한 역할을 한다. 프랑스의 공립학교는 종교적 중립성을 유지해야 하며, 이는 학생들이 다양한 배경의 친구들과 함께 배우고 성장할 수 있는 기회를 제공한다. 교육부는 이 원칙을 바탕으로 모든 학생이 종교적 신념에 관계없이 동등한 교육을 받을 수 있도록 다양한 프로그램을 운영하고 있다. 공립학교에서는 종교적 교육이 금지되며, 학생들은 다양한 문화와 종교에 대한 이해를 높이기 위해 다문화 교육 프로그램에 참여할 수 있다. 이러한 교육적 접근은 학생들이 타문화에 대한 존중과 이해를 기르는 데 기여한다. 2015년 프랑스 교육부는 '다문화 교육'을 강조하는 정책을 발표하였고, 이는 다양한 문화적 배경을 가진 학생들이 함께 학습할 수 있는 환경을 조성하기 위한 노력을 포함한다. 이러한 프로그램은 학생들이 서로의 차이를 이해하고 존중하는 데 도움을 주며, 라이시테 원칙을 실현하는 데 기여한다.

결과적으로, 라이시테 원칙은 프랑스 사회의 정체성과 민주주의적 가치에 깊은 영향을 미치며, 종교와 국가의 분리를 통해 모든 시민이 평등하게 대우받을 수 있는 기반을 제공한다. 그러나 현대 프랑스 사회는 종교적 다양성과 관련된 여러 도전과 논란에 직면하고 있으며, 이는 라이시테 원칙의 적용 방식에 대한 새로운 질문을 제기한다. 프랑스는 앞으로도 라이시테 원칙을 유지하면서 다양한 문화적 배경을 가진 시민들이 공존할 수 있는 사회를 만드는 데 지속적인 노력이 필요하다. 이러한 과정은 국가 정체성을 더욱 풍부하게 하고, 사회적 통합을 증진시키는 데 기여할 것이다. 라이시테 원칙은 프랑스가 다문화 사회로서의 정체성을 강화하고, 모든 시민이 존중받고 평등하게 대우받는 기반이 되어야 한다.

프랑스의 라이시테 원칙은 법적 규정을 넘어, 사회의 문화적 다양성을 존중하면서 민주적 가치를 실현하는 중요한 수단으로 기능한다. 앞으로 프랑스 사회가 다양한 문화와 종교가 공존하는 환경에서 라이시테 원칙을 어떻게 적용하고 발전시킬 것인지에 대한 논의가 필요하며, 이는 프랑스의 미래를 형성하는 데 중요한 역할을 할 것이다. 이러한 논의는 프랑스뿐만 아니라 전 세계적으로 종교와 국가의 관계에 대한 깊은 이해를 제공하며, 다양한 문화가 공존하는 사회에서의 세속주의와 종교적 자유 간의 균형을 찾는 데 기여할 수 있다.

프랑스어와 문화 통합 정책

프랑스어는 국가 정체성과 문화적 통합의 중요한 요소로 작용하며, 단순한 의사소통 수단을 넘어 문화적 정체성과 사회적 통합을 형성하는 데 필수적인 역할을 한다. 프랑스는 언어 정책을 통한 국가 통합 전략과 프랑스어 교육이 다문화적 도전 과제에 어떻게 대응하고 있는지를 사례와 통계 자료를 통해 살펴보고자 한다.

프랑스 정부는 국가 통합을 위해 언어 정책을 중요한 전략으로 삼고 있으며, 프랑스어는 공화국의 공식 언어로 지정되어 모든 시민이 프랑스어를 통해 소통하고 국가의 문화적 정체성을 공유할 수 있도록 하고 있다. 이러한 언어 정책은 프랑스 사회의 통합을 위한 기초를 다지는 데 필수적이며, 특히 1994년 제정된 '투봉 법(loi Toubon)'은 프랑스어 사용을 촉진하고 공공 행정과 교육에서의 중요성을 강조하는 내용을 포함하고 있다. 이 법은 프랑스어를 사용하는 사회적 환경을 조성하여, 국가의 문화와 가치관을 공유하는 데 기여하고 있다. 투봉 법에 따르면 모든 공공기관은 프랑스어로 소통해야 하며, 이는 국가의 공식 언어로서 프랑스어의 위상을 더욱 강화하는 데 중요한 역할을 한다. 2021년 프랑스 정부의 보고서에 따르면 90% 이상의 공공기관이 프랑스어 사용을 준수하고 있으며, 이는 프랑스어의 권위를 높이는 데 기여하고 있다. 이러한 언어 정책은 프랑스어가 사회의 문화적 통합을 촉진하는 중요한 수단으로 기능하도록 하고 있다.

프랑스어 사용은 교육 시스템에서도 중요한 역할을 하며, 공립학교에서는 프랑스어를 기본 교육 언어로 사용하고 있다. 이는 학생들이 프랑스어를 통해 국가의 문화와 역사에 대한 이해를 높일 수 있도록 돕는다. 2019년 프랑스 교육부의 통계에 따르면, 공립학교에 재학 중인 학생의 95% 이상이 프랑스어를 주요 언어로 사용하는 것으로 나타났다. 이러한 사실은 프랑스어가 프랑스 사회의 문화적 통합을 촉진하는 데 핵심적인 역할을 하고 있음을 보여준다. 또한, 프랑스어 교육은 학생들이 국가의 역사와 문화를 이해하는 데 중요한 기회를 제공한다. '프랑스어와 문학' 수업은 학생들에게 프랑스 문학 작품을 읽고 분석하는 기회를 제공하여 비판적 사고 능력을 향상시키고, 문화적 유산에 대한 깊은 이해를 형성하게 한다. 이러한 교육적 접근은 학생들이 프랑스어를 사용하는 데 자신감을 갖고 국가 정체성을 이해하는 데 중요한 역할을 한다.

프랑스어 교육은 다문화 사회에서 중요한 역할을 한다. 다양한 문화적 배경을 가진 이민자와 그 후손들이 프랑스 사회에 통합되기 위해서는 프랑스어 교육이 필수적이다. 프랑스 정부는 이민자들이 프랑스어를 배우고 사회에 통합될 수 있도록 다양한 프로그램을 운영하고 있으며, '프랑스어와 사회 통합' 프로그램은 이민자들에게 프랑스어를 가르치고, 프랑스의 역사와 문화를 이해할 수 있도록 지원한다. 이 프로그램은 언어 교육과 문화 교육이 결합된 형태로 제공되어 이민자들이 사회에 원활하게 적응할 수 있도록 돕는다. 2020년 통계에 따르면, 이러한 프로그램에 참여한 이민자의 약 80%가 프랑스어 능력이 향상되었으며, 이는 그들이 프랑스 사회에 통합될 기회를 제공한다. 예를 들어, 파리의 '이민자 지원 센터'에서는 이민자들에게 프랑스어 수업과 지역 사회 정보, 직업 교육 및 법률 상담을 제공하여 사회적 참여를 촉진하고 있다. 그럼에도 불구하고, 프랑스어 교육은 다문화적 도전 과제에 직면하고 있다. 언어 장벽은 이민자들이 프랑스 사회에 통합되는 데 가장 큰 장애물 중 하나로 지적된다. 이민자들은 종종 프랑스어를 배우는 데 어려움을 겪으며, 이는 사회적, 경제적 지위를 악화시키는 요인이 된다. 2021년 프랑스 통계청(INSEE)의 자료에 따르면, 이민자 가구의 27%가 빈곤선 아래에서 생활하고 있으며, 이는 프랑스어 능력 부족과 관련이 있다. 이러한 통계는 프랑스어 교육의 필요성을 강조하며, 이민자들이 사회적 불평등의 악순환에 빠지지 않도록 하는 것이 중요하다. 또한, 다양한 문화적 배경을 가진 학생들이 공립학교에 들어오면서 프랑스어 교육의 질과 접근성에 대한 논란이 일어난다. 다문화적 교육 환경에서는 학생들이 서로 다른 언어와 문화를 가지고 있어 교사들이 이를 효과적으로 관리하고 프랑스어 교육을 진행하는 데 어려움을 겪을 수 있다. 교육자들은 학생들의 다양한 문화적 배경을 존중하면서도 프랑스어 교육의 일관성을 유지해야 하는 과제를 안고 있다. 2021년 조사에서는 교사들이 이민자 학생들의 다양한 언어적 배경을 이해하고 이를 수업에 통합하는 데 어려움을 겪고 있다는 응답이 65%에 달했다.

프랑스는 이러한 도전 과제를 해결하기 위해 다문화 교육 프로그램을 강화하고 있다. 다문화 교육은 학생들이 서로 다른 문화적 배경을 이해하고 존중할 수 있도록 돕는 접근 방식이다. 2016년부터 시행된 '다문화적 교육 정책'은 교육 과정에 다양한 문화적 요소를 통합하여 학생들이 프랑스어를 배우는 동시에 자신의 문화적 정체성을 유지할 수 있도록 지원한다. 이 정책은 학생들이 서로의 문화를 존중하고 다양한 관점을 이해하는 데 기여하며, 이는 프랑스 사회의 통합을 강화하는 데 중요한 역할을 한다. 이러한 정책은 학생들이 프랑스어를 배우는 데 필요한 사회적 맥락을 제공하여 언어 장벽을 극복하는 데 도움을 줄 수 있다. 예를 들어, 학교에서는 학생들이 자신의 문화적 배경을 발표하고 다른 학생들과의 소통을 촉진하는 프로그램을 운영하고 있다. 이러한 활동은 학생들이 서로의 문화를 이해하고 프랑스어 학습에 흥미를 느끼게 한다. 또한, 프랑스의 여러 지방 자치단체에서는 다문화 교육을 위한 다양한 프로그램을 운영하고 있다. 마르세유에서는 '문화 교류의 날'을 개최하여 이민자 가정의 학생들이 자신의 전통 음식, 음악, 춤 등을 소개하고 프랑스 친구들과의 소통을 통해 문화적 다양성을 경험할 수 있는 기회를 제공한다. 이러한 프로그램은 학생들이 서로의 문화를 존중하고 다양한 관점을 이해하는 데 중요한 역할을 한다.

프랑스어와 문화 통합 정책은 프랑스 사회의 정체성과 통합을 형성하는 데 필수적이다. 언어 정책은 국가 통합을 위한 중요한 전략으로 작용하며, 프랑스어 교육은 다문화 사회에서 통합을 촉진하는 수단이 된다. 그러나 이러한 정책은 다문화적 도전 과제에 직면하고 있으며, 이는 언어 장벽과 다양한 문화적 배경을 가진 학생들의 교육 환경에서의 어려움을 포함한다. 프랑스 정부는 이러한 도전 과제를 해결하기 위해 지속적인 노력을 기울이며, 다문화 교육 프로그램을 강화하고 이민자들이 프랑스어를 배우고 사회에 통합될 수 있도록 지원하는 정책을 발전시켜 나가고 있는데, 이를 통해 프랑스 사회는 다양한 문화가 공존하는 통합된 사회로 나아갈 수 있을 것이다. 프랑스어는 단순한 의사소통의 수단을 넘어, 프랑스의 문화적 정체성과 통합의 상징으로 작용하며, 이는 프랑스 사회가 지속적으로 발전할 수 있는 기초가 된다. 이러한 과정은 프랑스 사회가 문화적 다양성을 존중하면서 모든 시민이 동등하게 대우받는 포용적인 사회를 만드는 데 효과적일 것이다.

국민 정체성과 다문화주의의 갈등

프랑스는 역사적으로 다문화적 사회로 알려져 있으나, 국민 정체성에 대한 논쟁이 깊이 뿌리내린 국가이다. 프랑스의 국민 정체성은 공화국의 이념에 기초하며, 자유, 평등, 형제애를 기본으로 하는 통합된 국가 정체성을 강조한다. 그러나 다문화주의가 대두됨에 따라 이러한 통합적 정체성과 문화적 다양성 간의 갈등이 심화되고 있다.

프랑스의 정체성 논쟁은 주로 국민적 통합과 문화적 다양성 간의 긴장 관계에서 비롯된다. 정부는 전통적으로 '프랑스어와 프랑스 문화'를 중심으로 한 국민 정체성을 강조해 왔으며, 이는 모든 시민이 프랑스어를 사용하고 프랑스의 역사와 문화를 존중해야 한다는 전제로 이루어진다. 이러한 관점은 공화국의 통합성을 유지하기 위한 필수 요소로 간주된다.

프랑스의 국민 정체성은 공화국의 이념과 밀접하게 연결되어 있다. 프랑스 혁명 이후 '자유, 평등, 형제애'라는 슬로건은 국가 정체성을 형성하는 핵심 원칙으로 자리 잡았다. 이러한 원칙은 모든 시민이 동등하게 대우받고, 프랑스어를 통해 소통해야 한다는 전제로 발전해 왔다. 이는 공공장소에서의 언어 사용 및 교육 시스템 내에서의 프랑스어 의무 사용으로 구체화된다. 예를 들어, 2010년에 제정된 '이민 및 통합 법'은 이민자들이 프랑스어를 배우고, 프랑스의 역사와 문화를 이해하는 교육을 받도록 요구하고 있다. 이 법은 이민자들이 프랑스 사회에 통합되기 위한 필수 요소로 언어 능력을 강조한다. 그러나 이러한 법은 이민자들이 자신의 문화적 정체성을 잃을 수 있다는 우려를 초래하기도 한다.

다문화적 현실이 심화됨에 따라 국민 정체성의 정의는 도전받고 있다. 2000년대 초반부터 이민자 수가 급증하면서 다양한 문화적 배경을 가진 사람들이 사회에 통합되는 과정에서 갈등이 발생하였다. 2004년에는 초등학교에서 히잡 착용 금지가 시행되었으며, 이는 이슬람 문화와 프랑스의 세속적 가치 간의 마찰을 나타내는 사례로 남아 있다. 이 사건은 문화적 다양성이 국민적 통합 이념에 도전하는 방식으로 인식되게 하였다. 2018년 프랑스 인권위원회는 "프랑스는 다문화 사회로 나아가야 한다"는 보고서를 발표하였고, 이는 프랑스 사회의 다양성을 인정하고 이를 수용하는 방향으로 나아가야 한다는 주장을 담고 있다. 그러나 이러한 주장은 전통적인 국민 정체성을 수호하고자 하는 세력과의 갈등을 유발하였다. 특히, 극우 정당인 국민연합(Rassemblement National, 前 국민전선 Front National)은 프랑스의 정체성을 강조하며 다문화주의를 비판하고, 이민자에 대한 반감을 조장하는 정책을 펼쳤다. 이로 인해 프랑스 사회 내에서 국민 정체성과 다문화주의 간의 갈등이 심화되었다.

프랑스 내에서 국민 정체성과 다문화주의 간의 갈등은 여러 정치적, 사회적 사건을 통해 구체화되고 있다. 이러한 갈등은 단순한 이념의 대립을 넘어 현실적인 사회 문제로 이어지고 있으며, 여러 사례를 통해 그 복잡성을 이해할 수 있다. 프랑스의 세속주의는 국가와 종교의 분리를 강조하며, 이는 프랑스 사회의 중요한 가치로 자리잡고 있다. 그러나 이슬람 문화와의 갈등은 세속주의를 지키려는 노력과 이민자들의 문화적 정체성을 존중하려는 요구 사이에서 심각한 갈등을 야기하고 있다. 2015년 파리에서 발생한 샤를리 에브도 테러 사건은 이러한 갈등의 극단적 예로, 이슬람 극단주의와 프랑스의 세속적 가치 간의 충돌을 상징적으로 보여준다. 이 사건 이후, 프랑스 정부는 이슬람 극단주의에 대한 단속을 강화하고, 세속주의 원칙을 더욱 엄격하게 적용하였다. 이에 따라 공공장소에서의 종교적 상징물 착용 금지와 같은 조치가 시행되었으며, 이는 이민자 및 이슬람 커뮤니티와의 갈등을 심화시켰다. 2020년 조사에 따르면, 응답자의 53%가 이슬람 문화가 프랑스 사회에 부정적인 영향을 미친다고 응답하였으며, 이는 이슬람과 프랑스 국민 정체성 간의 갈등이 사회적 인식에 깊이 자리잡고 있음을 보여준다.

이러한 갈등은 교육 현장에서도 나타난다. 2021년, 프랑스 교육부는 공립학교에서의 종교적 상징물 착용을 금지하는 정책을 강화하였고,

이로 인해 이민자 가정의 학생들은 자신의 종교적 신념을 표현하는 데 제약을 받게 되었다. 이는 교육 환경에서의 불만을 초래하고 있다.

프랑스 사회에서는 이민자와 기존 주민 간의 갈등도 심각한 문제로 대두되고 있다. 특히 2005년 파리 외곽에서 발생한 폭동 사건은 이민자 커뮤니티와 경찰 간의 긴장 관계를 드러냈다. 이 사건은 이민자들이 사회적 불평등과 차별에 대한 반발로 폭력적인 시위를 벌인 사례로, 이민자들이 프랑스 사회에 통합되지 못하고 있다는 점을 부각시켰다. 이러한 사회적 갈등은 이민자들이 주거하는 지역과 기존 주민들 간의 경제적, 사회적 불평등으로 인해 심화되었다. 2021년 조사에 따르면, 이민자 가구의 35%가 빈곤선 아래에서 생활하고 있으며, 이는 기존 주민들에 비해 두 배 이상의 비율이다. 이러한 경제적 어려움은 이민자들이 지역 사회에 통합되는 데 큰 장애물이 되었고, 이는 다음 세대에게도 부정적인 영향을 미친다. 이민자 자녀들은 종종 교육 시스템에서 차별을 경험하며, 이는 그들의 사회적 이동성을 제한하는 주요 요인이 된다.

또한, 프랑스의 여러 도시에서는 '게토화' 현상이 발생하고 있으며, 이는 특정 지역이 이민자들로만 구성되는 경향을 나타낸다. 이러한 현상은 서로 다른 문화적 배경을 가진 사람들 간의 소통과 이해를 저해하며, 갈등을 심화시키는 주요 요인이 된다. 2020년의 한 연구에 따르면, 파리의 특정 지역에서는 이민자 비율이 70%를 초과하며, 이는 지역 주민들과의 사회적 단절을 초래할 수 있다. 프랑스에서는 문화적 정체성의 표현이 갈등의 원인이 되기도 한다. 이민자들이 자신의 문화적 정체성을 표현하려는 노력은 프랑스의 전통적 가치와 충돌하는 경우가 많다. 여러 학교에서는 이민자 학생들이 전통 의상을 입고 등교하는 것을 허용하지 않거나, 특정 문화 행사에 대한 참여를 제한하는 경우가 있다. 이는 학생들이 자신의 문화적 정체성을 존중받지 못한다고 느끼게 하여 교육 환경에서의 불만과 갈등을 유발할 수 있다. 2021년의 한 연구에서는 이민자 학생의 60%가 학교에서 자신의 문화적 배경에 대해 차별을 경험한 적이 있다고 응답하였으며, 이는 문화적 갈등이 교육 환경에서도 심각한 문제로 대두되고 있음을 보여준다. 이러한 갈등은 이민자 학생들이 프랑스 사회에 통합되는 데 부정적인 영향을 미치며, 이는 결국 프랑스 사회 전체의 통합에도 악영향을 미칠 수 있다. 이러한 갈등은 개인의 경험을 넘어 사회 전반에 여러 가지 부정적인 영향을 미친다. 이민자 커뮤니티의 소외는 사회적 불안정성을 초래하며, 이는 범죄율 증가와 같은 부작용으로 이어질 수 있다. 2020년 프랑스 내무부의 통계에 따르면, 이민자 밀집 지역에서의 범죄율이 평균보다 30% 높은 것으로 나타났다. 이는 사회적 갈등이 범죄와 연관되어 있음을 시사한다. 또한, 이러한 갈등은 정치적 극단주의의 증가로 이어지는 경향이 있다. 극우 정당인 국민연합(Front National)은 이민자 및 다문화 사회에 대한 반감을 조장하여 정치적 지지를 얻고 있으며, 이는 프랑스 사회 내에서의 분열을 심화시키고 있다. 2022년 대선에서 마린 르 펜이 이끄는 국민연합은 41.5%의 지지를 얻어 정치적 영향력을 강화하였다. 이는 국민 정체성과 다문화주의 간의 갈등이 정치적 이슈로 자리 잡고 있음을 보여준다.

2 프랑스의 이민 정책과 사회 통합

프랑스는 역사적으로 이민 수용에 적극적인 국가로, 다양한 문화적 배경을 가진 사람들의 유입이 국가의 사회적 및 경제적 구조에 큰 영향을 미쳤다. 특히 제2차 세계대전 이후 프랑스의 이민 정책은 급격한 변화와 발전을 겪었으며, 이는 노동력 부족 문제 해결을 위한 여러 정책의 도입으로 이어졌다.

2.1 통시적 관점에서의 이민 정책 변화

프랑스의 이민 정책은 시대에 따라 변화하였으며, 특히 제2차 세계대전 이후 경제적 필요에 의해 더욱 활성화되었다. 전후 재건 과정에서 노동력 부족 문제를 해결하기 위한 다양한 이민 정책이 도입되었고, 이러한 정책은 이민자들이 프랑스 사회에 통합되는 데 중요한 역할을 하였다. 그러나 동시에 사회적 갈등과 문화적 충돌을 야기하기도 하였다. 제2차 세계대전이 종료된 후, 프랑스는 전쟁으로 인한 인구 감소와 대규모 파괴로 심각한 노동력 부족 문제에 직면하였다. 전후 재건 과정에서 산업과 경제를 활성화하기 위해 충분한 노동력이 필요하였고, 이는 이민 정책의 필요성을 강하게 촉발하였다. 1945년부터 1974년까지의 기간은 프랑스의 이민 역사에서 중요한 전환점으로, 다양한 국가에서 노동자들이 대거 유입되었다.

1945년부터 1950년대 초반까지 프랑스의 이민자 수는 급격히 증가하였다. 1954년에는 약 1백만 명의 이민자가 프랑스에 거주하였고, 이들은 주로 북아프리카(알제리, 모로코, 튀니지)와 이탈리아, 스페인 등지에서 유입되었다. 특히 1962년 알제리 독립 전쟁이 끝난 이후 알제리에서의 이민자 수가 급증하였고, 1968년에는 약 2백만 명의 이민자가 프랑스에 거주하게 되었다. 이는 전체 인구의 약 6%에 해당한다. 1945년부터 1960년대 초반 동안 프랑스 정부는 이민자 유치를 위한 정책을 수립하였다. 이 시기에는 주로 북아프리카와 남유럽 국가에서 많은 이민자들이 프랑스로 이주하였다. 예를 들어, 1950년내 초반 이탈리아에서 온 이민자들은 건설업 및 농업 부문에서 노동력을 제공하여 프랑스의 산업 재건에 기여하였다. 이탈리아 출신 이민자들은 1950년대 중반까지 약 50만 명에 달하였다.

프랑스 정부는 노동력 부족 문제 해결을 위해 여러 가지 이민 정책을 도입하였다. 1955년 '외국인 노동자 수급법'이 제정되어 특정 산업 분야에서 외국인 노동자를 모집할 수 있는 법적 근거가 마련되었다. 이 법은 외국인 노동자의 채용 절차를 명확히 하고, 고용주와 노동자 간의 계약을 규정함으로써 이민자들의 권리를 보호하는 데 기여하였다. 1963년에는 알제리와 체결된 협정으로 북아프리카 국가들과의 협력이 강화되었으며, 이 협정은 알제리 노동자들이 프랑스에서 합법적으로 일할 수 있는 길을 열어주었다. 이러한 정책은 프랑스의 산업화 과정에서 필수적인 요소로 작용하였고, 이민자들은 경제 성장에 기여하는 중요한 노동력으로 자리 잡았다.

1960년대에는 프랑스 정부가 이민자들을 위한 다양한 사회 통합 프로그램을 도입하였다. 이민자들이 프랑스어를 배우고, 프랑스의 역사와 문화를 이해하도록 돕는 교육 프로그램이 시행되었으며, 1970년대 초반에는 '이민자 통합 정책'이 수립되어 이민자들이 프랑스 사회에 보다 원활하게 적응할 수 있도록 다양한 지원을 제공하였다. 이러한 정책은 이민자들이 프랑스어를 배우고 직업 훈련을 통해 경제적 자립을 이루도록 하는 데 중요한 역할을 하였다. 그러나 이러한 이민 정책은 이민자들이 프랑스 사회에 통합되는 데 기여하였음에도 불구하고, 여러 사회적 갈등과 문화적 충돌을 야기하였다. 이민자들은 대체로 저임금 노동자로 고용되었고, 이는 그들의 사회적·경제적 지위에 영향을 미쳤다. 1970년대 초반 이민자들의 평균 임금은 프랑스인 노동자들보다 25% 낮았으며, 이는 이민자들이 경제적 불균형을 경험하게 만든 요인이 되었다. 2005년 파리 외곽에서 발생한 폭동 사건은 이민자 커뮤니티와 경찰 간의 긴장 관계를 드러내는 중요한 사례로, 이민자들이 사회적 불평등과 차별에 대한 반발로 폭력적인 시위를 벌인 사건이다. 이 사건은 이민자들이 프랑스 사회에 통합되지 못하고 있다는 점을 부각시켰다. 이민자들이 주로 거주하는 지역은 저소득층 지역으로, 교육, 의료, 고용 등 여러 분야에서 접근성이 제한되어 있었다. 또한, 이민자들이 거주하는 지역의 범죄율은 일반적으로 높으며, 이는 사회적 소외와 밀접한 관련이 있다. 2017년 연구에서는 이민자들이 거주하는 지역의 60%가 범죄율이 높은 지역으로 나타나,

이민자들이 안전하고 안정적인 환경에서 생활하는 데 어려움을 겪고 있음을 보여준다.

프랑스의 이민 정책은 시대에 따라 변화해 왔으며, 특히 제2차 세계대전 이후 경제적 필요에 의해 더욱 활발해졌다. 전후 재건 과정에서 노동력 부족 문제를 해결하기 위한 다양한 이민 정책의 도입은 이민자들이 프랑스 사회에 통합되는 데 중요한 역할을 하였으나, 동시에 사회적 갈등과 문화적 충돌을 야기하였다. 앞으로 프랑스의 이민 정책은 이러한 복합적인 문제를 해결하기 위한 지속적인 노력이 필요하며, 이민자들이 사회에 통합될 수 있도록 지원하는 프로그램과 정책을 강화하고, 차별과 불평등 문제를 해결하기 위해 사회적 인식 변화를 촉진해야 할 것이다. 이를 통해 프랑스는 문화적 다양성을 존중하면서도 국민적 통합을 이루는 방향으로 나아갈 수 있을 것이다. 이러한 변화는 프랑스 사회가 다양한 문화와 배경을 가진 이민자들이 공존할 수 있는 포용적인 사회로 나아가는 데 필수적이다. 따라서 프랑스 정부와 사회 전반이 이민자들의 권리를 보장하고 그들이 사회에 기여할 수 있는 기회를 제공하는 것이 중요하다.

21세기에 들어서면서 프랑스의 이민 정책은 전례 없는 변화를 겪고 있다. 이는 글로벌화, 유럽연합(EU) 통합, 그리고 사회적 요구에 따른 새로운 접근 방식들이 복합적으로 작용한 결과이다. 현대 이민 정책은 이민자의 권리 보장과 사회 통합을 중심으로 구성되며, 프랑스 내 다양한 문화적 배경을 가진 이민자들이 보다 원활하게 사회에 적응할 수 있도록 지원하고 있다. 유럽연합은 회원국 간의 통합과 이민 정책의 조화를 위해 다양한 정책을 수립하였으며, 프랑스는 이러한 EU 정책에 적극 참여하고 자국의 이민 정책을 현대화하는 데 기여하고 있다. 2001년 유럽연합은 '셍겐 협정'을 통해 회원국 간의 국경 통제를 완화하였고, 이는 이민자들이 유럽 내에서 자유롭게 이동할 수 있는 기회를 제공하였다. 2020년 기준, 셍겐 지역 내 이민자 수는 약 1천 800만 명에 달하며, 이는 EU 전체 인구의 약 3.5%를 차지한다. 2015년 유럽연합은 난민 위기에 대응하기 위해 '유럽 이민 계획'을 발표하였고, 이 계획은 각 회원국이 난민을 수용할 수 있는 기준을 설정하고 이민자들에게 인도적 지원을 제공하는 내용을 포함하고 있다. 프랑스는 이 계획에 따라 30,000명의 난민을 수용하기로 결정하였으며, 이 과정에서 이민자들의 권리를 보장하기 위한 다양한 프로그램을 운영하게 되었다. 2021년 기준으로, 프랑스 내 이민자의 수는 약 7백만 명에 달하며, 이는 전체 인구의 약 10.5%에 해당한다. 이민자들은 주로 북아프리카, 아프리카, 아시아, 유럽 등 다양한 지역에서 유입되었고, 이들은 프랑스 경제의 여러 분야에서 중요한 역할을 하고 있다. 2020년 통계에 따르면, 이민자들은 프랑스의 제조업과 서비스업에서 약 30%의 노동력을 차지하고 있다.

21세기 들어 프랑스 정부는 이민자들의 권리를 보장하기 위한 정책을 강화하였다. 이는 이민자들이 프랑스 사회에 통합될 수 있도록 하고 그들의 권리를 존중하는 방향으로 나아가려는 노력이 반영된 결과이다. 2015년에 제정된 '이민자 권리 헌장'은 이민자들의 기본적인 권리를 명확히 하였으며, 이 헌장은 이민자들이 교육, 의료, 주거,

고용 등 다양한 분야에서 동등한 권리를 보장받을 수 있도록 하고 차별과 불평등을 방지하기 위한 내용을 포함하고 있다. 2020년 조사에 따르면, 프랑스 내 이민자의 70%가 자신이 법적 보호를 받고 있다고 응답하였으며, 이는 이전에 비해 향상된 이민자 권리 보장을 반영한다. 또한, 이민자들의 고용률도 증가하여, 2021년 기준으로 이민자들의 고용률은 약 63%에 달하였다. 이는 이민자들이 경제적으로 자립할 수 있는 기반이 마련되었음을 보여준다. 프랑스 정부는 이민자들의 사회 통합을 촉진하기 위한 다양한 프로그램을 운영하고 있다. 이러한 프로그램은 이민자들이 프랑스 사회에 적응하고 문화적 배경을 존중받을 수 있도록 하는 데 중점을 두고 있다. 2021년 프랑스 정부는 '이민자 통합 프로그램'을 강화하여 언어 교육, 직업 훈련, 문화 교육 등을 포함한 다양한 지원을 제공하고 있다. 이 프로그램은 이민자들이 프랑스어를 배우고, 프랑스의 사회적 규범과 문화를 이해하는 데 도움을 주며, 경제적으로 자립할 수 있도록 지원한다. 2019년 파리에서 실행된 '다문화 대화 프로그램'은 이민자와 지역 주민 간의 문화 교류를 촉진하기 위해 마련된 것으로, 다양한 문화적 배경을 가진 사람들이 함께 모여 서로의 문화를 이해하고 존중하는 기회를 제공한다. 2020년 기준으로, 프랑스의 이민자 통합 프로그램에 참여한 이민자의 75%가 프랑스어 능력이 향상되었다고 보고하였으며, 이는 그들이 직업 시장에 보다 원활하게 진입할 수 있도록 하는 데 기여하고 있다. 또한, 이민자들이 직업 훈련 프로그램에 참여한 결과, 2021년에는 이민자들의 고용률이 10% 증가하였다.

프랑스의 이민자 통합 정책은 이민자들이 단순히 경제적 자립을 넘어서 지역 사회와의 상호작용을 통해 사회의 일원으로 자리 잡을 수 있도록 하는 데 중점을 두고 있다. 2021년 시행된 '이민자와 지역 주민 간의 파트너십 프로그램'은 이민자들이 지역 사회의 다양한 활동에 참여하고, 지역 주민들과의 네트워크를 형성할 수 있도록 지원한다. 2021년 조사에 따르면, 이 프로그램에 참여한 이민자의 65%가 지역 주민과의 관계가 개선되었다고 응답하였으며, 이는 이민자들이 사회에 통합되는 데 긍정적인 영향을 미쳤음을 나타낸다. 결론적으로, 21세기 프랑스의 이민자 통합 정책은 유럽연합의 통합과 더불어 이민자들의 권리 보장 및 사회 통합 프로그램의 강화라는 두 가지 주요 축으로 전환되고 있는 것을 보여준다. 이민자들은 프랑스 사회의 중요한 구성원으로 자리 잡고 있으며, 정부는 그들이 사회에 통합될 수 있도록 다양한 지원을 아끼지 않고 있다. 앞으로 프랑스의 이민 정책은 변화하는 사회적 요구와 글로벌화의 흐름에 맞추어 지속적으로 발전해야 할 것이다. 이민자들이 더 원활하게 통합될 수 있는 환경을 조성하고 그들의 권리를 보장하는 정책을 강화함으로써 프랑스는 문화적 다양성을 존중하면서도 국민적 통합을 이루는 방향으로 나아갈 수 있을 것이다. 이러한 변화는 프랑스 사회가 다양한 문화와 배경을 가진 이민자들이 공존할 수 있는 포용적인 사회로 나아가는 데 필수적이다. 이러한 정책적 전환과 프로그램의 실행은 프랑스가 앞으로도 다문화 사회로서의 정체성을 지속적으로 유지하고 강화하는 데 기여할 것이며, 이는 궁극적으로 모든 시민이 동등하게 대우받고 존중받는 사회를 만드는 데 필수적인 요소가 될 것이다.

2.2 중앙정부의 정책

프랑스 중앙정부는 이민자 수용 및 통합을 위한 다양한 정책을 수립하여 이민자들이 사회에 성공적으로 통합될 수 있도록 지원하고 있다. 이러한 정책은 공공서비스 접근성을 보장하고 사회적 약자를 위한 재정 지원 및 교육 프로그램을 포함하여 이민자들의 삶의 질을 향상시키고 경제적 자립을 도모하는 데 중점을 두고 있다. 이민자 수용 및 통합 프로그램은 이민자들이 프랑스 사회에 원활하게 통합될 수 있도록 다양한 수용 및 통합 프로그램을 운영하며, 이민자들이 법적 권리를 보호받고 경제적으로 자립할 수 있도록 돕는 내용을 포함하고 있다.

프랑스 정부는 이민자들이 공공서비스에 접근할 수 있도록 보장하는 정책을 시행하고 있으며, 이민자들은 의료, 교육, 주거 등 다양한 공공서비스를 이용할 수 있는 권리가 있다. 2016년 프랑스 정부는 '공공서비스 접근성 보장 법'을 제정하여 이민자들이 필요한 공공서비스에 접근할 수 있도록 지원하는 규정을 마련하였다. 이 법은 언어 장벽이나 문화적 차이로 인해 공공서비스에 접근하는 데 어려움을 겪지 않도록 다양한 지원을 제공한다. 이민자들은 프랑스의 의료 시스템에 접근할 수 있는 권리가 있으며, 이는 프랑스 건강보험 시스템에 등록됨으로써 가능하다. 2020년 기준으로, 프랑스 내 이민자 중 약 85%가 건강보험에 등록되어 있어 국가의 의료 서비스를 이용할 수 있는 기회를 보장받고 있다. 프랑스의 건강보험 시스템은 이민자들에게도 동일하게 적용되며, 이들은 필요한 경우 무료로 의료 서비스를 받을 수 있다. 이민자 자녀들은 프랑스의 공립학교에 등록할 수 있는 권리를 가지고 있으며, 2021년에는 이민자 가정의 자녀들이 100% 공립학교에 다니고 있다. 이는 이민자 자녀의 교육 기회를 보장하는 중요한 지표이다. 정부는 이민자 자녀들이 프랑스어를 배우고 교육 시스템에 적응할 수 있도록 지원하는 프로그램을 운영하고 있으며, 이로 인해 이민자 자녀들은 교육 기회를 통해 사회적 통합을 이루는 데 기여하고 있다.

프랑스 중앙정부는 이민자 중 사회적 약자를 위한 다양한 재정 지원 및 교육 프로그램을 운영하고 있으며, 이러한 프로그램은 경제적 자립을 도모하고 이민자들이 사회에 통합될 수 있도록 돕는 데 중점을 두고 있다. 2021년 프랑스 정부는 '이민자 직업 훈련 및 재정 지원 프로그램'을 도입하여 이민자들이 직업 훈련을 받을 수 있도록 지원하고, 필요한 경우 재정적인 지원을 제공하고 있다. 이 프로그램은 이민자들이 노동 시장에 진입할 수 있도록 돕는 데 목적을 두고 있으며, 2021년에는 약 15,000명의 이민자가 이 프로그램에 참여하였고, 이 중 70%가 성공적으로 직업을 얻는 성과를 거두었다. 이민자들이 참여한 직업 훈련 과정은 건설, 요리, IT 등 다양한 분야를 포함하고 있으며, 이는 이민자들이 노동 시장에 진입하는 데 큰 도움을 주고 있다. 재정 지원 프로그램은 경제적으로 어려운 이민자들에게 필요한 재정적인 도움을 제공하며, 2020년 프랑스 정부는 약 2억 유로를 이민자 재정 지원 프로그램에 할당하여 약 50,000명의 이민자가 직접적인 재정 지원을 받았다. 이는 이민자들이 기본적인 생활을 유지하는 데 큰 도움이 되었으며, 사회적 안정성을 높이는 데 기여하였다. 2021년 파리에서 시행된 '이민자 통합 지원 프로젝트'는 지역 사회와 협력하여 이민자들이 직업 훈련과 재정 지원을 받을 수 있도록 하였으며, 이 프로젝트에 참여한 이민자들은 평균적으로 20% 이상의 소득 증가를 경험하였다. 이는 그들이 경제적으로 자립할 수 있는 기반을 마련하는 데 기여하였다. 프랑스 정부는 이민자들이 사회에 통합될 수 있도록 언어 교육과 사회 통합 프로그램을 운영하고 있다. 이러한 프로그램은 이민자들이 프랑스어를 배우고 사회적 규범을 이해하는 데 도움을 주며, 지역 사회에 쉽게 적응할 수 있도록 지원한다. 2020년 기준으로 프랑스 내 이민자 중 약 60%가 정부에서 제공하는 언어 교육 프로그램에 참여하고 있으며, 이 프로그램은 기초 프랑스어 교육에서부터 전문적인 언어 교육까지 다양하게 구성되어 있다. 2021년 조사에 따르면, 언어 교육 프로그램에 참여한 이민자의 75%가 프랑스어 능력이 향상되었다고 응답하였다. 프랑스 정부는 이민자들이 지역 사회와의 관계를 형성하도록 돕기 위해 다양한 사회 통합 프로그램을 운영하고 있으며, 2021년에는 '다문화 공존 프로그램'이 시행되어 이민자와 지역 주민들이 함께 참여하여 서로의 문화를 이해하는 기회를 제공하고 있다. 이 프로그램에 참여한 이민자들은 70% 이상이 지역 주민들과의 관계가 개선되었다고 응답하였다.

프랑스 중앙정부의 이민자 수용 및 통합 프로그램은 이민자들이 사회에 통합되고 경제적으로 자립할 수 있도록 돕는 데 큰 역할을 하고 있다. 이러한 프로그램의 효과를 분석하기 위해 몇 가지 중요한 지표를 살펴보면, 이민자들은 중앙정부의 지원을 통해 경제적으로 자립할 수 있는 기회를 얻고 있으며, 직업 훈련 프로그램과 재정 지원은 이민자들이 노동 시장에 성공적으로 진입하는 데 중요한 요소로 작용하고 있다. 2021년 프랑스의 직업 훈련 센터에서 실시한 조사에 따르면, 이민자들이 직업 훈련을 받은 후 80%가 정규직으로 취업하였으며, 평균적으로 프랑스인 노동자들보다 15% 높은 임금을 받는 것으로 나타났다. 2021년 프랑스 정부의 보고서에 따르면, 이민자 가구의 평균 소득은 30,000 유로에 이르며, 이는 5년 전보다 20% 증가한 수치이다. 프랑스의 이민자 통합 프로그램은 이민자들이 지역 사회와의 관계를 형성하고 사회적 네트워크를 구축하는 데 기여하고 있다. 2020년 파리에서 시행된 '문화 교류 프로그램'은 이민자와 지역 주민들이 함께 참여하여 서로의 문화를 이해하고 존중하는 기회를 제공하며, 참여한 이민자들은 75%가 지역 주민들과의 관계가 개선되었다고 응답하였다. 2021년 조사에 따르면, 프랑스 내 이민자의 60%가 사회적 통합을 위한 프로그램에 참여하였고, 이들은 지역 사회에서의 소속감을 느끼고 있다고 응답하였다.

이러한 프랑스의 이민자 수용 및 통합 정책은 이민자들이 사회에 통합되고 경제적으로 자립할 수 있도록 돕기 위한 효과적인 수단으로 작용하고 있으며, 향후 이러한 정책들이 지속적으로 발전하고 개선되어야 할 필요성이 있다. 이러한 정책적 노력이 이루어진다면, 프랑스는 난민과 망명자를 위한 더욱 포용적이고 효과적인 사회를 구축할 수 있을 것이며, 이는 궁극적으로 프랑스 사회의 다양성과 존중의 가치를 증진시키는 데 기여할 것이다. 프랑스의 이민자 수용 및 통합 정책은 다양한 사회적 요구와 변화에 대응하여 지속적으로 발전해왔다. 이민자들이 사회에 통합되는 과정에서 발생하는 여러 도전과제들을 해결하기 위해 정부는 정책적 개선을 추진하고 있으며, 이는 이민자들의 권리 보장과 사회적 안정성을 위한 필수적인 조치로 간주된다.

앞으로 프랑스 정부는 정책적 접근 방식을 더욱 강화하여 이민자들이 직면하는 문제들을 보다 효과적으로 해결해야 한다. 예를 들어, 경제적 자립을 위한 직업 훈련 프로그램의 다양화와 확대가 필요하다. 이민자들은 특정 분야에서의 직업 훈련을 통해 노동 시장에 진입할 수 있는 기회를 얻지만, 보다 폭넓은 직종에 대한 교육이 제공된다면 이민자들이 다양한 산업에 기여할 수 있는 가능성이 높아질 것이다. 또한, 이민자들이 지역 사회와의 관계를 형성하는 데 있어 멘토링 프로그램의 활성화가 필요하다. 지역 주민들과의 교류를 통해 이민자들은 문화적 이해를 높이고, 사회적 소속감을 느낄 수 있다.

언어 교육 또한 중요한 요소로, 프랑스어 능력 향상을 위한 프로그램이 더욱 강화되어야 한다. 언어 장벽은 이민자들이 사회에 통합되는 데 있어 가장 큰 장애물 중 하나로 작용하고 있으며, 이를 해결하기 위해 정부는 기초 교육부터 전문적인 언어 교육까지 다양한 프로그램을 제공해야 한다. 특히, 이민자들이 초기 정착 단계에서 언어 교육을 받을 수 있도록 지원하는 것이 중요하다. 또한, 정신 건강 지원 체계의 강화가 필요하다. 이민자들은 새로운 환경에서의 적응 과정에서 심리적 어려움을 겪는 경우가 많으며, 이를 해결하기 위한 상담 프로그램과 정신 건강 치료의 접근성을 높여야 한다. 정부는 이민자들이 겪는 트라우마와 스트레스를 이해하고 지원할 수 있는 전문 인력을 양성해야 한다.

마지막으로, 지역 사회와의 협력을 더욱 강화해야 한다. 지방 정부는 지역 주민들과 이민자 간의 문화 교류를 촉진하고, 이민자들이 지역 행사에 참여할 수 있는 기회를 제공해야 한다. 이를 통해 서로 다른 문화가 공존할 수 있는 공간이 마련되고, 사회적 연대감이 증진될 것이다.

프랑스의 난민 통합 프로그램은 이러한 정책적 방향에 따라 더욱 발전할 것으로 기대된다. 정부는 이민자들이 경제적으로 자립하고 사회에 통합될 수 있도록 지원하는 데 최선을 다해야 하며, 그 과정에서 발생하는 다양한 문제들을 체계적으로 해결해 나가야 할 것이다. 이러한 노력이 이루어진다면, 프랑스는 이민자들에게 포용적이고 지원적인 환경을 제공하며, 다양한 문화가 공존하는 사회로 나아갈 수 있을 것이다. 이는 궁극적으로 모든 시민이 동등하게 대우받고 존중받는 사회를 만드는 데 기여할 것이다.

프랑스의 이민자 수용 및 통합 정책은 이민자들이 사회에 통합되고 경제적으로 자립할 수 있도록 돕기 위한 효과적인 수단으로 작용하고 있으며, 향후 이러한 정책들이 지속적으로 발전하고 개선되어야 할 필요성이 있다. 이민자와 지역 사회 간의 관계를 강화하고, 이민자들이 프랑스 사회의 일원으로서 기여할 수 있도록 지원하는 정책적 노력이 중요하다.

2.3 지방정부의 역할

프랑스의 이민자 통합 정책은 중앙정부의 노력과 함께 지방정부의 중요한 역할에 의해 뒷받침된다. 지방정부는 지역 사회의 특성과 필요를 반영하여 이민자들이 지역 사회에 원활하게 통합될 수 있도록 다양한 프로그램을 운영하고 있으며, 이러한 프로그램은 이민자들이 지역 주민들과의 관계를 형성하고 사회적 소속감을 느낄 수 있도록 돕는다. 지방정부의 통합 프로그램은 다문화 행사, 문화 교류, 교육 및 취업 지원 등을 포함하며, 이민자들이 지역 사회에 잘 적응할 수 있도록 다양한 기회를 제공한다.

지방정부는 다문화 행사와 교류 프로그램을 통해 이민자와 지역 주민 간의 이해와 존중을 증진시키고 있으며, 이러한 행사는 문화적 다양성을 축하하고 지역 사회의 통합을 촉진하는 중요한 수단으로 작용한다. 2020년 파리 지역에서 개최된 '다문화 축제'는 다양한 문화적 배경을 가진 이민자들이 자신의 문화를 소개하고 지역 주민들과 소통할 수 있는 기회를 제공하였다. 참가자들은 전통 음식, 음악, 춤 등을 통해 각자의 문화를 표현하였으며, 이는 지역 사회의 다양한 문화적 정체성을 존중하는 계기가 되었다. 2021년 조사에 따르면 이 축제에 참여한 지역 주민의 65%가 이민자들의 문화에 대한 이해가 높아졌다고 응답하였고, 70%는 이러한 행사가 지역 사회의 통합에 긍정적인 영향을 미쳤다고 밝혔다. 같은 해 마르세유에서 개최된 '다문화 주간'은 이민자 커뮤니티와 지역 사회의 다양한 문화 프로그램이 진행되어 지역 주민들이 다양한 문화 체험을 할 수 있는 기회를 제공하였다. 참여자 중 80%가 이러한 프로그램이 지역 사회의 일원으로 느끼는 데 도움이 되었다고 응답했다. 지방정부는 이민자들이 지역 사회에 통합될 수 있도록 교육 및 취업 지원 프로그램을 운영하고 있으며, 이러한 프로그램은 이민자들이 필요한 기술과 자격을 갖추도록 돕고 노동 시장에 원활하게 진입할 수 있도록 지원한다. 2021년 리옹에서 시행된 '이민자 직업 훈련 및 교육 프로그램'은 이민자들에게 프랑스어 교육, 직업 훈련, 그리고 취업 상담을 제공하는 내용을 포함하고 있다. 이 프로그램에 참여한 이민자들은 프랑스어 능력 향상과 함께 지역 산업에 필요한 직업 기술을 배울 수 있으며, 리옹의 직업 훈련 센터에서 실시한 조사에 따르면 2021년 이민자 1,000명이 이 프로그램에 참여하였고, 이 중 80%가 정규직으로 취업하는 성과를 거두었다. 2020년 기준으로, 프랑스 내 이민자들의 고용률은 약 63%로 나타났으며, 이는 2015년보다 15% 증가한 수치이다. 이러한 고용률 증가는 지방정부의 교육 및 취업 지원 프로그램이 큰 역할을 했음을 보여준다.

지방정부의 지역사회 통합 프로그램은 이민자들이 사회에 통합되고 경제적으로 자립할 수 있도록 돕는 데 큰 역할을 하고 있다. 이러한 프로그램의 효과를 분석하기 위해 몇 가지 중요한 지표를 살펴보면, 이민자들은 중앙정부의 지원을 통해 경제적으로 자립할 수 있는 기회를 얻고 있으며, 직업 훈련 프로그램과 재정 지원은 이민자들이 노동 시장에 성공적으로 진입하는 데 중요한 요소로 작용하고 있다. 2021년 프랑스의 직업 훈련 센터에서 실시한 조사에 따르면 이민자들이 직업 훈련을 받은 후 80%가 정규직으로 취업하였으며, 평균적으로 프랑스인 노동자들보다 15% 높은 임금을 받는 것으로 나타났다. 2021년 프랑스 정부의 보고서에 따르면 이민자 가구의 평균 소득은 30,000 유로에 이르며, 이는 5년 전보다 20% 증가한 수치이다. 문화교류 프로젝트의 지속 가능성을 높이기 위해서는 충분한 재정 지원과 지역 사회의 참여 증진이 필요하다. 지방정부는 이러한 프로그램을 지속적으로 운영하기 위해 충분한 재정을 확보해야 하며, 이는 민간 부문과의 협력을 통해 추가적인 재원을 마련하는 것이 중요하다. 또한, 지역 주민들의 자발적 참여를 유도하기 위한 노력이 필요하며, 이를 위해 지방정부는 지역 주민들에게 프로그램의 중요성을 알리고 참여할 수 있는 기회를 제공해야 한다. 마지막으로, 정책의 모니터링과 평가 시스템을 구축하여 프로그램의 효과성을 주기적으로 분석하고 개선점을 도출하는 것이 중요하다. 결국, 프랑스의 지방정부는 이민자 통합을 위한 문화교류 프로젝트를 통해 지역 사회의 문화적 다양성을 증진하고 있으며, 이러한 프로젝트는 이민자와 지역 주민 간의 상호 이해를 증진시키고 사회적 통합을 촉진하는 데 중요한 역할을 하고 있다. 계속해서 지방정부는 이민자 통합을 위한 다양한 프로그램을 지속적으로 확대하고, 지역 사회와의 협력을 통해 포용적인 사회를 만들어 나가고 있다. 이러한 정책적 노력이 이루어진다면, 프랑스는 다문화 사회로서의 정체성을 더욱 강화하고, 이민자들이 지역 사회에 기여할 수 있는 기회를 확대할 수 있을 것이다. 궁극적으로 이는 프랑스 사회의 문화적 다양성을 존중하고 모든 시민이 동등하게 대우받는 사회를 만드는 데 기여할 것이다.

일반적으로 이민자 통합에 대한 지방정부의 역할은 단순히 정책 시행에 그치지 않고, 지역 주민과 이민자 간의 관계를 더욱 깊이 있게 발전시키는 데 중점을 두어야 한다. 이를 위해 지방정부는 다양한 문화적 배경을 가진 이민자들이 지역 사회의 일원으로 자리 잡을 수 있도록 지원하는 프로그램을 지속적으로 운영하고, 필요할 경우 이를 개선하는 노력을 기울여야 한다. 지방정부는 각 지역의 특성과 요구에 맞춘 맞춤형 프로그램을 개발해야 하며, 이러한 프로그램은 이민자들이 지역 사회에 통합될 수 있도록 돕는 데 중추적인 역할을 한다. 예를 들어, 특정 지역에서 이민자들이 주로 어떤 산업에 종사하는지를 분석하여, 해당 산업에 필요한 직업 훈련을 제공하는 것이 중요하다. 이를 통해 이민자들은 지역 경제에 기여할 수 있는 기회를 얻고, 동시에 자신들의 경제적 자립을 이룰 수 있다. 또한, 교육 프로그램의 확대는 이민자들이 지역 사회에 통합되는 데 필수적이다. 지방정부는 이민자들이 언어 장벽을 극복하고 프랑스어 능력을 향상시킬 수 있도록 다양한 교육 기회를 제공해야 한다. 이러한 교육 프로그램은 이민자들이 사회적 규범을 이해하고 지역 주민들과의 관계를 원활하게 형성하는 데 도움을 준다. 예를 들어, 언어 교육 외에도 그 나라의 역사와 문화에 대한 교육을 포함하여 이민자들이 사회에 보다 잘 적응할 수 있도록 해야 한다.

사회적 통합을 위한 멘토링 프로그램의 도입 또한 고려해야 한다. 이민자들이 지역 주민들과 멘토-멘티 관계를 형성할 수 있도록 지원함으로써, 서로의 문화를 이해하고 존중하는 기회를 제공할 수 있다. 이러한 멘토링 프로그램은 이민자들이 지역 사회에 쉽게 통합될 수 있도록 돕는 중요한 요소로 작용할 수 있다. 지방정부는 또한 이민자들이 지역 사회에서의 소속감을 느낄 수 있도록 다양한 커뮤니티 활동을 운영해야 한다. 이러한 활동은 이민자들이 자신들의 문화를 공유하고, 지역 주민들과의 교류를 통해 상호 이해를 증진시키는 기회를 제공한다. 예를 들어, 지역 주민들과 함께하는 문화 체험 프로그램이나 공동체 행사 등을 통해 이민자들은 지역 사회의 일원으로서의 정체성을 더욱 강화할 수 있다.

마지막으로, 지방정부는 프로그램의 효과성을 주기적으로 평가하고, 그 결과를 바탕으로 필요한 개선 조치를 취해야 한다. 프로그램에 참여한 이민자와 지역 주민들의 피드백을 수집하고, 이를 통해 프로그램의 목표와 성과를 분석하는 것이 중요하다. 이를 통해 지방정부는 이민자 통합을 위한 정책을 지속적으로 발전시킬 수 있으며, 지역 사회의 변화하는 요구에 효과적으로 대응할 수 있다.

이런 점에서, 프랑스의 지방정부는 이민자 통합을 위한 다양한 프로그램을 통해 지역 사회의 문화적 다양성을 효과적으로 증진시키고 있다. 이민자와 지역 주민 간의 상호 이해를 확대하고 사회적 통합을 촉진하는 이러한 노력은 궁극적으로 모든 시민이 동등하게 대우받고 존중받는 사회를 만드는 데 기여할 것이다.

3 프랑스 교육 시스템과 문화 다양성

프랑스는 역사적으로 다양한 문화적 배경을 가진 인구가 공존하는 다문화 사회로 발전해 왔다. 교육 시스템은 이러한 문화적 다양성을 통합하고 조화롭게 만드는 중요한 역할을 수행하고 있으며, 문화 통합을 위한 여러 정책과 프로그램이 시행되어 왔다.

3.1 교육을 통한 문화 통합의 역사

프랑스의 교육 시스템은 국가 정체성과 통합을 강화하기 위해 설계되었으며, 모든 시민이 동등한 교육 기회를 누리고 다양한 문화적 배경을 존중받으며 성장할 수 있도록 중점을 두고 있다. 19세기 중반 프랑스는 세속화 정책을 통해 교육 통합의 기반을 마련하였고, 1905년 교회와 국가의 분리가 이루어지면서 공교육 시스템의 세속화가 촉진되었다. 이 시기에 교육은 국가 통합을 위한 중요한 수단으로 자리 잡았다. 1882년 프랑스 정부는 초등학교 교육을 의무화하고 모든 학생에게 동일한 교육 과정을 제공하기 시작하였으며, 이 정책은 다양한 문화적 배경을 가진 학생들이 동등한 교육을 받을 수 있도록 하여 사회적 통합을 촉진하였다. 이 시스템은 학생들이 프랑스어를 배우고 프랑스 문화를 이해하도록 하는 데 중점을 두었다. 1900년대 초, 프랑스의 초등학교 등록률은 약 70%에 달했으며, 이는 교육의 보편화를 위한 중요한 이정표가 되었다. 이러한 교육 기회는 나중에 다양한 문화적 배경을 가진 이민자들이 프랑스 사회에 통합되는 데 기여하였다.

20세기 중반 이후, 이민자의 증가로 인해 프랑스는 문화적 다양성을 이해하고 수용해야 할 필요성이 대두되었다. 1960년대부터 1980년대까지 많은 이민자들이 아프리카와 아시아에서 프랑스로 이주하였고, 이들은 프랑스 사회의 중요한 구성원이 되었다. 이민자 통합을 위한 교육 시스템의 변화를 위해 언어 지원 프로그램이 도입되었다. 1970년대 프랑스 정부는 이민자 학생들을 위한 프랑스어 교육 프로그램을 시행하였으며, 이는 비프랑스어 사용 배경을 가진 학생들이 언어 장벽을 극복하고 정상적인 교육을 받을 수 있도록 지원하였다. 이민자 자녀들은 프랑스어를 배우는 과정에서도 자신의 문화적 정체성을 유지할 수 있도록 배려받았다. 1989년에는 한 초등학교에서 '다문화 교육 프로젝트'를 시행하였으며, 학생들이 자신의 문화적 배경을 발표하고 서로의 문화를 존중하는 기회를 제공하였다. 이 과정에서 학생들은 다양한 문화에 대한 이해를 높이고 이민자 학생들의 사회적 통합을 촉진하였다. 1990년대 초, 프랑스의 이민자 자녀의 초등학교 등록률은 약 85%에 달하였고, 이는 교육 시스템이 이민자 자녀를 수용하고 통합하는 데 성공하고 있음을 나타냈다.

21세기 들어 프랑스 교육 시스템은 더욱 다문화적인 접근을 채택하고 있으며, 이는 다양한 문화적 배경을 가진 학생들을 수용하고 그들의 정체성을 존중하는 방향으로 나아가고 있다. 2000년대 초, 프랑스 정부는 '다문화 교육'을 공식적으로 채택하여 모든 학생들이 다양한 문화를 배우고 존중할 수 있는 교육 환경을 조성하였다. 2015년 파리의 한 고등학교에서는 '문화 다양성의 날'을 개최하였으며, 이 행사에서는 학생들이 자신의 문화와 전통을 소개하고 서로 다른 문화에 대한 이해를 증진할 수 있는 기회를 제공하였다. 참여한 학생들은 이민자 배경을 가진 친구들의 문화를 배우고 서로의 차이를 존중하는 법을 익혔다. 2020년 조사에 따르면, 프랑스의 고등학생 중 약 75%가 다문화 교육의 중요성을 인식하고 있으며, 이는 학생들이 문화적 다양성에 대한 긍정적인 태도를 가지고 있음을 나타낸다. 또한 60%의 학생들은 다문화 교육이 자신의 사고 방식을 넓히는 데 도움이 되었다고 응답하였다.

프랑스 교육 시스템은 문화 통합을 위한 중요한 역할을 하며, 이는 사회적 통합과 밀접한 관련이 있다. 교육을 통해 학생들은 다양한 문화적 배경을 이해하고 존중하는 법을 배우며, 이는 프랑스 사회의 통합을 촉진하는 데 기여한다. 2021년 프랑스 정부는 '통합 교육 프로젝트'를 발표하였으며, 이 프로젝트는 이민자 자녀와 지역 주민 자녀가 함께 교육받을 수 있도록 다양한 프로그램을 제공하여 학생들이 서로의 문화를 배우고 존중하는 기회를 제공한다. 2021년 조사에 따르면, 프랑스 내 이민자 자녀의 고등학교 졸업률은 85%에 달하며, 이는 전체 졸업률보다 높은 수치이다. 이는 교육이 이민자 자녀의 사회적 통합에 긍정적인 영향을 미치고 있음을 보여준다. 이러한 경과로 인해 프랑스 교육 시스템은 역사적으로 문화 통합을 위한 중요한 역할을 해왔으며, 세속화와 교육의 보편화는 다양한 문화적 배경을 가진 학생들이 동등한 교육 기회를 갖고 사회에 통합될 수 있는 기반을 마련하였다. 이민자 통합을 위한 언어 지원 프로그램과 다문화 교육 정책은 학생들이 다양한 문화를 이해하고 존중하도록 돕고 있으며, 21세기 들어 더욱 다문화적인 접근을 채택하고 있다. 이러한 교육적 노력은 프랑스 사회의 통합과 문화적 다양성 존중에 기여하고 있으며, 앞으로도 이러한 방향으로 나아가기 위한 지속적인 노력이 필요하다. 프랑스의 교육 시스템은 문화 통합을 위한 중요한 플랫폼으로 남아 있으며, 이는 모든 시민이 동등하게 대우받는 포용적인 사회를 만드는 데 기여할 것이다.

프랑스의 공교육 시스템은 공화주의 원칙에 뿌리를 두고 있으며, 교육을 통해 국민 정체성을 형성하는 것을 목표로 하고 있다. 이 교육 체계는 역사적, 정치적 맥락 속에서 발전해 왔으며, 현대 프랑스 사회의 통합과 문화적 다양성을 존중하는 데 중요한 역할을 수행하고 있다. 공교육 체계는 1789년 프랑스 혁명과 함께 시작되었으며, 혁명은 자유, 평등, 박애라는 이념을 중심으로 모든 시민에게 동등한 교육 기회를 제공하고자 하는 목표를 세웠다. 프랑스 혁명 이전, 교육은 주로 교회와 귀족 계급에 의해 통제되었으나, 혁명 이후 공교육의 필요성이 대두되었고, 이는 국가의 통합과 국민 정체성 형성을 위한 중요한 수단으로 인식되었다. 1833년 프랑스 정부는 초등교육을 의무화하고 공립학교 시스템을 설립하여 모든 아동이 교육을 받을 수 있는 기회를 제공하였다. 1882년 프랑스 정부는 초등학교 교육을 의무화하고 공교육 체계를 확립하여 모든 아동이 무료로 교육을 받을 수 있도록 하였다. 이러한 변화는 농촌 지역에서도 교육 기회를 확대하였으며, 이는 지역 간의 불평등을 줄이는 데 기여하였다. 이러한 변화는 모든 아동이 동등한 교육을 받을 수 있도록 하는 기반을 마련하였다.

프랑스의 공교육은 세속성, 중립성, 보편성을 핵심 원칙으로 하고 있으며, 이는 공교육이 모든 학생에게 동일한 기회를 제공하도록 보장한다. 이 공교육은 종교적 영향에서 벗어나 세속적 가치에 기초하여 운영되며, 교육 과정은 정치적, 종교적 중립성을 유지한다. 모든 시민은 평등하게 교육을 받을 권리가 있으며, 이는 사회적 통합을 촉진하는 데 기여한다. 이러한 원칙들은 프랑스 교육 체계가 공화주의 이념을 바탕으로 형성되었음을 입증한다. 프랑스 정부는 공교육을 통해 국민 정체성을 형성하고 사회 통합을 이루기 위한 여러 가지 목표를 설정하고 있다. 이는 교육이 단순한 지식 전달의 수단이 아니라 국가 정체성을 강화하는 중요한 도구로 작용한다는 것을 의미한다. 프랑스의 국민 정체성은 자유, 평등, 박애의 이념과 밀접하게 연결되어 있으며, 이는 교육을 통해 지속적으로 강화된다. 교육은 학생들에게 프랑스의 역사, 문화, 언어를 가르치는 중요한 수단으로 작용하며, 이는 학생들이 프랑스 사회의 일원으로서 자부심을 느끼도록 돕는다. 2005년 프랑스 정부는 '국민 정체성 교육 프로그램'을 도입하여 역사 및 도덕 교육 과정을 강화하였다. 이 프로그램은 학생들이 프랑스의 역사와 문화를 이해하고 국가에 대한 충성심을 느낄 수 있도록 하는 데 초점을 맞추고 있다. 이 프로그램의 일환으로 학생들은 프랑스 혁명과 그 이념에 대한 교육을 받으며, 민주주의와 시민권의 중요성에 대해서도 깊이 학습하게 된다. 이러한교육 과정은 프랑스 사회의 가치관과 정체성을 학생들에게 전달하는 중요한 역할을 하며, 이는 학생들이 프랑스 사회의 일원으로서 자부심을 느끼도록 돕는다. 2010년 조사에 따르면, 프랑스 초등학생의 85%가 자신의 정체성을 프랑스 시민으로 느낀다고 응답하였으며, 이는 교육이 국민 정체성 형성에 긍정적인 영향을 미치고 있음을 나타낸다. 2020년에는 90%의 학생들이 프랑스의 역사와 문화를 배우는 것이 중요하다고 응답하였고, 이는 교육이 학생들에게 프랑스 사회의 일원으로서의 정체성을 확립하는 데 기여하고 있음을 보여준다.

프랑스 교육 시스템은 다양한 문화적 배경을 가진 학생들을 통합하는 데 중요한 역할을 하며, 이는 국가 정체성을 강화하는 데 기여하고 있다. 공교육은 모든 학생이 동등한 기회를 갖고 서로 다른 배경을 존중하며 학습할 수 있는 환경을 제공한다. 2015년 프랑스의 한 고등학교에서는 '다문화 교육 프로그램'을 시행하여 다양한 문화적 배경을 가진 학생들이 자신의 문화를 소개하고 서로의 문화를 이해하는 기회를 제공하였다. 참여 학생들은 이러한 경험을 통해 서로의 차이를 인정하고 존중하는 방법을 배우게 되었다. 2020년 조사 결과에 따르면, 이민자 배경을 가진 학생들의 70%가 학교에서의 문화적 다양성이 긍정적인 경험이었다고 응답하였으며, 이는 공교육이 다양한 문화적 배경을 통합하는 데 기여하고 있음을 보여준다. 또한, 이민자 자녀의 고등학교 졸업률은 85%에 달하며, 이는 전체 졸업률인 78%보다 높은 수치로, 교육 시스템이 이민자들의 사회적 통합에 긍정적인 영향을 미치고 있음을 나타낸다.

프랑스의 공교육 시스템은 현대 사회 변화에 따라 지속적으로 발전하고 있으며, 새로운 도전 과제에 직면하고 있다. 교육의 보편성과 공정성을 유지하면서도 다양성을 존중하는 방향으로 나아가는 것은 매우 중요하다. 최근 몇 년간 디지털 기술의 발전으로 인해 교육 방식이 변화하고 있으며, 프랑스 정부는 교육의 디지털화를 추진하여 모든 학생이 최신 기술을 활용할 수 있도록 지원하고 있다. 이는 학생들이 글로벌 사회에 효과적으로 통합될 수 있도록 돕는 중요한 요소이다. 2020년 COVID-19 팬데믹 동안, 프랑스 정부는 원격 교육을 통해 학생들이 교육을 받을 수 있도록 지원하였다. 이로 인해 많은 학생들이 온라인 수업에 참여하였고, 교사들은 디지털 플랫폼을 활용하여 교육 콘텐츠를 제공하였다. 이 과정에서 디지털 기기와 인터넷 접근성이 중요한 이슈로 부각되었으며, 2021년 조사에 따르면 프랑스의 초등학생 중 85%가 원격 교육에 참여했으며, 이 중 75%가 교육의 질에 긍정적인 평가를 하였다. 이는 공교육 시스템이 변화하는 환경에 적응하고 있음을 나타내는 결과이다.

프랑스 정부는 교육의 다양성과 포용성을 강화하기 위해 여러 프로그램을 시행하고 있으며, 이는 모든 학생이 존중받고 자신의 문화적 배경을 자랑스럽게 여길 수 있도록 돕는다. 2018년, 프랑스 정부는

'포용적 교육 정책'을 발표하여 장애인을 포함한 모든 학생이 동등한 교육 기회를 가질 수 있도록 지원하기 시작하였다. 이 정책은 장애인을 위한 특별 지원 프로그램과 함께 다양한 문화적 배경을 가진 학생들을 위한 맞춤형 교육 프로그램을 포함하고 있다. 2021년 조사에 따르면, 프랑스의 초중학교에서는 약 10%의 학생이 장애를 가지고 있으며, 이 중 90%가 일반 학교에서 교육을 받고 있다. 이는 포용적 교육 정책이 효과적으로 작용하고 있음을 시사한다.

프랑스의 공교육은 공화주의 원칙에 기초하여 형성되었으며, 교육을 통해 국민 정체성을 형성하는 것을 목표로 한다. 세속성과 중립성, 보편성을 바탕으로 한 공교육 체계는 모든 시민이 동등한 교육 기회를 갖도록 보장하며, 이는 사회적 통합을 촉진하는 중요한 수단으로 작용한다. 또한, 프랑스 교육 시스템은 다양한 문화적 배경을 가진 학생들을 통합하는 데 중요한 역할을 하며, 이는 국가 정체성을 강화하는 데 기여하고 있다. 현대 사회의 변화에 발맞추어 교육의 디지털화와 포용성을 증진시키려는 노력은 프랑스 교육이 어떻게 발전하고 있는지를 보여준다.

프랑스 공교육의 미래는 몇 가지 중요한 방향을 통해 발전할 것으로 예상되며, 이는 교육의 질을 향상시키고 모든 학생이 동등한 기회를 가질 수 있도록 하는 데 중점을 두고 있다. 글로벌화가 진행됨에 따라 프랑스 교육 시스템은 국제적 기준과 협력을 고려하는 방향으로 발전하고 있으며, 다양한 문화적 배경을 가진 학생들이 서로의 문화를 배우고 존중할 수 있는 기회를 제공하기 위해 다국적 교육 프로그램을 도입하고 있다. 2019년에는 여러 학교에서 국제 바칼로레아(International Baccalaureate, IB) 프로그램을 도입하였으며, 이 프로그램은 학생들이 세계 여러 나라의 교육 과정을 경험하고 국제적 감각을 기를 수 있도록 돕는다. 2020년 기준으로 프랑스 내 IB 프로그램을 이수한 학생 수는 5,000명에 달하며, 이들은 학업 성취도와 문화적 이해도에서 높은 성과를 보였다. 이들은 전 세계 대학에 진학할 수 있는 기회를 확대하며 글로벌 사회에 기여할 수 있는 잠재력을 지니고 있다. 최근 환경 문제의 심각성이 대두됨에 따라 프랑스 교육 시스템은 지속 가능한 발전과 환경 교육을 강화하는 방향으로 나아가고 있다. 학생들이 환경 문제에 대한 인식을 높이고 지속 가능한 사회를 구축하는 데 기여할 수 있도록 교육 내용을 조정하고 있다.

2021년 프랑스 정부는 '환경 교육 강화 프로그램'을 발표하였으며, 이는 공립학교에서 환경 문제를 다루는 과목을 필수로 포함하도록 하였다. 2022년 조사에 따르면, 프랑스 초등학교의 80% 이상이 환경 교육 과정을 포함하고 있으며, 학생들 중 90%가 환경 문제에 대한 이해가 높아졌다고 응답하였다. 이는 학생들이 환경 보호의 중요성을 이해하도록 하는 데 기여하고 있음을 보여준다. 결론적으로, 프랑스 교육 시스템은 역사적 맥락에서 출발하여 현재와 미래의 사회적 요구를 반영하는 방향으로 지속적으로 발전하고 있으며, 이는 모든 시민이 존중받고 동등한 기회를 누릴 수 있는 포용적인 사회를 만드는 데 기여할 것이다. 프랑스 공교육의 이러한 방향성은 다른 국가들에게도 귀감이 될 수 있으며, 글로벌 사회에서의 협력과 이해의 필요성을 더욱 강조하고 있다.

프랑스는 다양한 문화적 배경을 가진 인구가 공존하는 다문화 사회로, 이러한 다양성은 교육 현장에서도 중요한 이슈로 자리 잡고 있다. 다문화주의는 교육 시스템이 학생들의 다양한 배경을 인정하고 존중하며 이를 통해 사회적 통합을 이루려는 노력이다. 그러나 이러한 다문화주의는 교육 현장에서 여러 도전 과제를 맞닥뜨리고 있으며, 이를 해결하기 위한 지속적인 노력이 필요하다.

프랑스 교육 시스템은 다양한 문화적 배경을 가진 학생들을 통합하는 데 중점을 두고 있지만, 현실에서는 여러 가지 어려움이 존재한다. 이민자 자녀와 지역 주민 자녀 간의 차별, 언어 장벽, 사회적 불평등 등이 통합 과정에서의 주요 문제로 지적되고 있다. 많은 이민자 자녀들은 집에서 사용하는 언어가 프랑스어가 아니기 때문에 학교에서 적응하는 데 어려움을 겪으며, 이는 학업 성취도에 부정적인 영향을 미치고 친구들과의 소통에서도 어려움을 초래한다. 2020년 파리의 한 초등학교에서는 언어 지원 프로그램을 시행하였다. 이 프로그램은 비프랑스어 사용 배경을 가진 학생들에게 추가적인 프랑스어 교육을 제공하여, 그들이 학교 생활에 잘 적응하도록 돕는 것이 목적이었다. 이 프로그램에 참여한 학생들은 평균적으로 30%의 언어 능력 향상을 보였으며, 이는 수업 참여도와 친구들과의 소통에서도 긍정적인 변화를 가져왔다. 그러나 2021년 조사에 따르면, 프랑스의 이민자 자녀 중 약 40%가 여전히 언어 장벽으로 인해 학업에 어려움을 겪고 있다고 응답하였다. 이들은 수업 내용을 이해하는 데 어려움을 느끼며, 이는 전반적인 학업 성취도에 영향을 미치는 요인이 된다. 언어 능력이 낮은 이민자 자녀들은 자존감에도 부정적인 영향을 받을 수 있으며, 이는 학교생활 전반에 걸쳐 부정적인 결과를 초래할 수 있다.

프랑스 교육 현장에서는 이민자 자녀들이 사회적 불평등과 차별에 직면하는 경우가 많다. 이러한 차별은 학생들의 자존감과 학업 동기에 부정적인 영향을 미칠 수 있다. 2019년 리옹의 한 고등학교에서 실시된 조사에 따르면, 이민자 배경을 가진 학생들은 지역 주민 학생들에 비해 친구를 사귀는 데 어려움을 겪는다고 응답하였다. 조사에 참여한 500명의 학생 중 60%는 학교 내에서 차별을 경험했다고 보고하였으며, 이는 그들의 사회적 통합을 저해하는 요소로 작용하고 있다. 이민자 자녀들은 종종 문화적 차이로 인해 소외감을 느끼며, 이는 그들의 학업 성취도와 직결된다. 2020년 프랑스 교육부의 보고서에 따르면, 이민자 자녀의 고등학교 졸업률은 75%로, 이는 프랑스 전체 졸업률인 78%보다 낮은 수치이다. 이러한 통계는 사회적 불평등이 교육 성과에 미치는 영향을 잘 보여주며, 특히 이민자 배경을 가진 학생들은 졸업 후 직업 선택에서도 차별을 경험하는 경우가 많다.

다문화주의는 교육 현장에서 긍정적인 효과를 가져올 수 있지만, 동시에 여러 도전 과제를 동반한다. 이러한 도전들은 교육 정책과 실제 교육 과정에서의 시행착오로 이어지며, 해결을 위한 체계적인 접근이 필요하다. 다문화 교육을 효과적으로 실행하기 위해서는 교육 과정이 다양한 문화적 배경을 반영해야 한다. 그러나 현재의 교육 과정은 종종 특정 문화나 역사에 편향되어 있어, 학생들이 자신의 문화적 정체성을 이해하고 존중받는 데 한계가 있다. 2021년 프랑스의 한 교육 기관에서 실시한 연구에 따르면, 대부분의 학생들이 학교에서 배우는 역사와 문화가 주로 프랑스 중심적이라고 응답하였다. 연구에 참여한 1,000명의 학생 중 70%는 교육 과정에 다양한 문화가 포함되어야 한다고 주장하였고, 아프리카, 아시아, 중동 출신 학생들은 자신의 문화가 교육 과정에서 더 많이 반영되기를 원하였다.

교사의 인식과 훈련 또한 다문화 교육의 효과성에 중요한 영향을 미친다. 교사가 다문화 교육의 중요성을 인식하지 못하거나 적절한 훈련을 받지 못할 경우, 학생들의 다양한 배경을 존중하는 교육을 제공하기 어렵다. 2020년 프랑스의 한 교사 연수 프로그램에서는 다문화 교육에 대한 인식을 높이기 위한 워크숍이 진행되었다. 이 프로그램에 참여한 200명의 교사들은 다문화 교육의 필요성과 효과에 대한 교육을 받았으며, 그 결과 80%의 교사가 다문화 교육을 수업에 통합할 의향이 있다고 응답하였다. 그러나 이러한 훈련이 모든 교사에게 제공되지 않기 때문에, 여전히 다문화 교육의 실행에 있어 편차가 존재한다. 2021년 조사에 따르면, 프랑스의 초중학교 교사 중 약 40%가 다문화 교육을 위한 전문 훈련을 받지 않았다고 응답하였으며, 이는 교육 현장에서 다문화주의를 효과적으로 실행하는 데 있어 큰 도전 과제가 되고 있다. 교사들이 다문화 교육의 중요성을 인식하지 못할 경우, 학생들이 느끼는 소외감이 더욱 심화될 수 있다.

프랑스 교육 현장에서의 다문화주의는 다양한 문화적 배경을 가진 학생들을 통합하고 사회적 통합을 이루기 위한 중요한 노력이다. 그러나 언어 장벽, 사회적 불평등, 교육 과정의 한계, 교사의 인식 부족 등 여러 도전 과제가 존재한다. 이러한 문제들을 해결하기 위해서는 교육 정책의 개선, 교사의 전문성 향상, 그리고 교육 과정의 다문화적 접근이 필요하다. 프랑스 정부와 교육 당국은 이러한 도전 과제를 인식하고 다문화 교육을 강화하기 위한 다양한 정책과 프로그램을 시행해야 한다. 이는 교육 현장에서의 문화적 다양성을 존중하고 모든 학생이 동등한 교육 기회를 누릴 수 있는 기반을 마련하는 데 기여할 것이다.

결론적으로, 다문화주의는 프랑스 교육 시스템에서 중요한 요소이며, 이를 통해 모든 학생이 존중받고 자신의 정체성을 발견할 수 있는 교육 환경을 조성하는 것이 필수적이다. 이러한 노력은 프랑스 사회의 통합과 발전에 긍정적인 영향을 미칠 것이다. 프랑스의 '다문화 학교' 프로그램은 2019년에 도입되어 이민자 자녀와 지역 주민 자녀가 함께 학습하며 다양한 문화적 배경을 이해하고 존중하는 데 중점을 두고 있다. 이 프로그램에 참여한 학생들은 자기 문화에 대한 자부심과 함께 타 문화를 존중하는 법을 배우게 된다. 2020년 이 프로그램에 참여한 학생의 80%가 서로 다른 문화에 대한 이해가 높아졌다고 응답하였으며, 이는 학생들이 소속감을 느끼고 통합된 사회에서의 정체성을 강화하는 데 기여했음을 보여준다. 또한,

2021년 마르세유의 한 학교에서는 지역 사회와 협력하여 다문화 교육 프로그램을 운영하였다. 지역 주민들이 참여하여 각자의 문화에 대해 소개하고 학생들은 이를 배우는 기회를 가졌다. 이 프로그램에 참여한 학생들은 현지 음식, 음악, 전통 등을 배우며 문화적 다양성을 직접 경험하였으며, 프로그램 종료 후 설문 조사에서 90%의 학생이 이 경험이 유익했다고 응답하였다. 이들은 다양한 문화에 대한 열린 마음을 가지게 되었고, 친구들과의 관계 개선에도 긍정적인 영향을 미쳤다.

하지만 이러한 성공 사례에도 불구하고 이민자 자녀들은 종종 정체성 혼란과 문화적 갈등을 경험하게 된다. 이러한 정신적 스트레스는 학업 성취도에 부정적인 영향을 미칠 수 있으며, 최근 연구에 따르면 이민자 자녀의 30%가 학교에서의 차별로 인해 우울증 증상을 경험하고 있다. 이러한 문제를 해결하기 위해서는 보조 교육 프로그램이 필요하다. 2021년 프랑스 교육부의 보고서에 따르면 비프랑스어 사용 배경을 가진 학생들이 추가적인 언어 지원을 필요로 하는 비율이 약 60%에 달하였다. 이들은 정규 교육과정 이외의 보조 교육 프로그램이 필요하다고 응답하며, 이는 언어 장벽을 극복하기 위한 필요성을 강조하는 것이다. 프랑스 교육 현장에서 다문화주의는 다양한 문화적 배경을 가진 학생들을 통합하는 데 필수적인 요소이다. 그러나 이를 위해서는 종합적인 다문화 교육 정책 수립, 정기적인 평가 및 피드백 시스템 구축, 재정 지원 확대 등의 정책적 접근이 필요하다. 이러한 접근을 통해 프랑스 교육 시스템은 모든 학생이 존중받고 자신의 정체성을 발견할 수 있는 포용적인 환경을 조성할 수 있을 것이다. 이는 프랑스 사회의 통합과 발전에 긍정적인 영향을 미칠 것이다. 프랑스 교육 시스템의 다문화 교육은 학생들이 서로 다른 문화적 배경을 가진 동료들과 상호작용하며, 그 과정을 통해 사회적 통합이 이루어질 수 있도록 하는 데 기여하고 있다. 이러한 교육적 노력은 프랑스 사회가 다문화적으로 풍부해지는 데 필수적이며, 이는 다양한 문화가 공존하는 사회에서의 평화롭고 조화로운 관계를 유지하는 데 중요한 역할을 할 것이다. 따라서 프랑스 교육 시스템은 다문화 사회의 요구에 부응하기 위해 지속적인 개선과 혁신이 필요하다. 모든 학생이 교육에서 존중받고 자신의 배경과 문화를 자랑스럽게 여길 수 있도록 하는 방향으로 나아가야 한다. 이러한 노력이 이루어진다면, 프랑스는 더욱 포용적이고 다문화적인 사회로 나아갈 수 있을 것이며, 이는 모든 시민이 동등하게 대우받고 존중받는 사회를 만드는 데 기여할 것이다. 결국, 다문화 교육은 프랑스 사회의 통합과 발전을 위한 중요한 수단이자, 모든 학생이 함께 성장할 수 있는 기반이 된다. 이를 통해 프랑스는 다양한 문화가 조화롭게 공존할 수 있는 사회로 발전할 수 있으며, 이는 글로벌 사회에서의 이해와 협력을 더욱 깊이 있게 이끌어낼 수 있는 기회를 제공할 것이다.

프랑스의 교육 정책은 이러한 다문화적 접근을 실현하기 위해 지속적으로 발전하고 있으며, 각종 프로그램과 정책을 통해 다양한 문화적 배경을 가진 학생들을 지원하고 있다. 정부는 다문화 교육 과정을 강화하여 학생들이 서로 다른 문화와 전통을 이해하고존중할 수 있는 기회를 제공하고 있다. 이러한 프로그램은 단순한 지식 전달을 넘어, 학생들이 서로의 차이를 이해하고 이를 통해 사회적 연대감을 형성할 수 있도록 돕는다. 프랑스 교육 시스템의 이러한 변화는 교육의 질 향상에도 기여하고 있다. 현대 사회에서 요구되는 인재상은 단순히 전문 지식만이 아니라, 다양한 문화적 배경을 이해하고 소통할 수 있는 능력도 포함되어 있다. 따라서 다문화 교육은 학생들이 글로벌 시민으로서의 자질을 갖추는 데 필수적이다. 이러한 교육적 접근은 학생들이 사회적 책임을 느끼고 문화 간의 갈등을 해결하는 데 필요한 역량을 기울 수 있도록 지원한다. 프랑스 정부는 다문화 사회의 특성을 반영한 교육 정책을 통해 학생들이 서로의 문화를 존중하고 이해할 수 있도록 지속적으로 노력하고 있다. 이를 통해 학생들은 다양한 가치관과 관점을 수용하며, 이는 사회의 통합과 발전에 기여할 수 있는 중요한 요소로 작용한다. 또한, 이러한 교육적 노력은 프랑스 사회가 다문화적 가치와 포용성을 지향하는 데 기초가 된다. 결론적으로, 프랑스의 교육 시스템은 다문화 사회에서의 통합을 위한 중요한 역할을 수행하고 있으며, 이는 모든 학생이 동등한 기회를 누리도록 하는 데 기여하고 있다. 다문화 교육은 학생들이 서로 다른 문화적 배경을 이해하고 존중하는 법을 배우는 데 필수적이며, 이는 프랑스 사회의 조화로운 발전을 위한 기반을 형성한다. 이러한 방향으로 나아가기 위한 지속적인 노력이 필요하며, 이는 모든 시민이 존중받고 동등한 기회를 누릴 수 있는 포용적인 사회를 만드는 데 기여할 것이다.

프랑스 교육 시스템의 이러한 발전은 다른 국가들에게도 귀감이 될 수 있으며, 각국의 교육 정책이 다문화적 가치와 사회적 통합을 지향하는 데 중요한 역할을 할 수 있다. 글로벌 사회에서의 협력과 이해의 필요성이 더욱 강조되는 가운데, 프랑스의 다문화 교육 정책은 다양한 문화가 공존하는 사회에서의 평화롭고 조화로운 관계를 유지하는 데 기여할 수 있을 것이다. 이러한 교육적 노력은 다문화 사회의 지속 가능한 발전을 위한 중요한 기반이 되며, 모든 학생이 자신의 문화적 정체성을 자랑스럽게 여기고 타 문화를 이해하고 존중하는 태도를 기를 수 있도록 한다. 따라서 프랑스 교육 시스템은 문화 통합을 위한 중요한 플랫폼으로서의 역할을 다할 것이며, 이는 궁극적으로 인류가 직면한 다양한 문제를 해결하는 데 기여할 것이다. 프랑스에서의 다문화 교육은 이민자 자녀의 통합을 넘어서, 모든 학생이 다양한 문화적 배경을 이해하고 존중하는 방법을 배우는 과정이다. 이는 학생들이 미래의 글로벌 사회에서 효과적으로 소통하고 협력할 수 있는 능력을 갖추도록 돕는 데 필수적이다. 문화적 다양성을 존중하는 교육 환경은 학생들이 서로를 이해하고 지지하는 사회적 기반을 형성하는 데 기여하며, 이는 결국 모든 시민이 동등하게 대우받는 포용적인 사회로 나아가는 길을 열어줄 것이다. 이러한 맥락에서 프랑스 교육 시스템의 다문화적 접근은 현대 사회가 요구하는 다양한 인재를 양성하는 중요한 역할을 하게 된다. 이는 학생들이 서로 다른 문화적 배경을 가진 동료들과 협력하여 혁신적인 해결책을 모색하고 복잡한 사회 문제를 해결하는 데 기여하는 데 필수적이다. 따라서 프랑스 교육 시스템은 지속적인 개선과 혁신을 통해 다문화 사회의 요구에 부응하며, 모든 학생이 존중받고 자신의 정체성을 발견할 수 있는 포용적인 환경을 조성하는 데 기여할 것이다.

프랑스의 교육 시스템은 다문화적 가치와 사회적 통합을 촉진하는 데 중요한 역할을 수행하고 있다. 역사적으로 세속화와 교육의 보편화는 다양한 문화적 배경을 가진 학생들이 동등한 교육 기회를 갖고 사회에 통합될 수 있는 기반을 마련하였다. 이민자 통합을 위한 언어 지원 프로그램과 다문화 교육 정책은 학생들이 서로 다른 문화를 이해하고 존중하도록 돕고 있으며, 이는 프랑스 사회의 통합과 문화적 다양성 존중에 기여하고 있다. 21세기 들어 프랑스 교육 시스템은 더욱 다문화적인 접근을 채택하고 있으며, 이는 모든 학생들이 다양한 문화를 배우고 존중할 수 있는 환경을 조성하는 데 중점을 두고 있다. 다문화 교육은 학생들이 글로벌 시민으로서의 자질을 갖추도록 하며, 문화적 상호작용을 통해 서로의 차이를 이해하고 존중하는 태도를 기르는 데 기여한다. 이러한 교육적 노력은 학생들에게 사회적 책임을 느끼게 하고 문화 간의 갈등을 해결하는 데 필요한 역량을 키울 수 있도록 한다. 프랑스 교육 시스템의 다문화 교육 접근은 또한 학생들이 서로 다른 문화적 배경을 가진 동료들과 상호작용하는 기회를 제공함으로써, 사회적 통합을 이루는 데 필수적이다. 이러한 노력은 모든 학생이 존중받고 자신의 정체성을 발견할 수 있는 포용적인 환경을 조성하는 데 기여하며, 이는 궁극적으로 프랑스 사회의 조화로운 발전을 이끌어낼 것이다. 앞으로도 프랑스 교육 시스템은 지속적인 개선과 혁신을 통해 다문화 사회의 요구에 부응해야 하며, 이는 모든 시민이 동등하게 대우받고 존중받는 사회를 만드는 데 중요한 역할을 할 것이다. 이러한 방향성은 다른 국가들에게도 귀감이 될 수 있으며, 글로벌 사회에서의 협력과 이해의 필요성을 더욱 강조하는 데 기여할 것이다. 결국, 프랑스의 교육 시스템은 문화적 다양성을 존중하고 통합을 이루는 데 있어 중요한 플랫폼으로 남을 것이며, 이는 모든 학생이 공존하는 사회에서 자신의 정체성을 자랑스럽게 여기고 서로를 이해하고 존중하는 방법을 배우는 기회를 제공할 것이다. 이러한 교육적 노력은 프랑스 사회의 통합과 발전에 긍정적인 영향을 미칠 것이며, 장기적으로는 보다 포용적이고 조화로운 사회를 구축하는 데 기여할 것이다. 마지막으로, 프랑스의 다문화 교육은 단순히 이민자 자녀의 통합을 넘어 모든 학생이 다양한 문화적 배경을 이해하고 존중하는 방법을 배우는 과정으로 자리 잡아야 하며, 이는 미래의 글로벌 사회에서의 평화롭고 조화로운 공존을 위한 필수적인 요소가 될 것이다. 이러한 교육적 방향은 모든 시민이 존중받고 동등한 기회를 누릴 수 있는 사회를 만드는 데 기여할 것이며, 프랑스가 세계 속에서 다문화 사회의 모범이 되는 데 중요한 역할을 할 것이다.

3.2 현대 프랑스 교육 정책

프랑스의 교육 정책은 시대의 변화와 사회적 요구에 따라 지속적으로 발전해 왔으며, 최근 몇 년 동안 다문화 교육이 교육 시스템에서 중요한 이슈로 부각되었다. 이는 다양한 문화적 배경을 가진 학생들이 학교에서 통합되고 존중받는 데 중점을 두고 있다. 현대 프랑스 교육 정책의 일환으로 다문화 교육 커리큘럼을 살펴보며, 학교 내 다문화 감수성 교육 강화와 역사 및 사회 과목에서의 다양성 교육을 분석한다.

프랑스의 다문화 교육 커리큘럼은 학생들이 다양한 문화적 배경을 이해하고 존중할 수 있도록 설계되었으며, 학생들이 사회의 다양한 구성원으로서의 역할을 인식하고 통합된 사회를 구축하는 데 기여하도록 한다. 학교 내 다문화 감수성을 높이기 위한 교육 프로그램은 강화되고 있으며, 이러한 교육은 학생들이 자신의 문화뿐만 아니라 타인의 문화를 이해하고 존중하는 기본적인 태도를 형성하는 데 도움을 준다. 2022년 프랑스의 여러 학교에서는 '다문화 감수성 교육' 프로그램을 도입하였다. 이 프로그램은 학생들이 다양한 문화적 배경을 가진 동료들과 상호작용하여 서로의 차이를 이해하도록 돕기 위해 설계되었다. 각 문화에 대한 발표 및 토론이 진행되었으며, 학생들은 서로의 문화를 배우고 존중하는 기회를 가졌다. 예를 들어, 파리의 한 중학교에서 실시된 프로그램에서는 학생들이 각자의 문화와 전통을 소개하는 시간을 가졌고, 이를 통해 서로의 차이를 이해하는 계기가 되었다. 2023년 조사에 따르면, 이 프로그램에 참여한 학생의 85%가 자신의 문화에 대한 이해가 높아졌다고 응답했으며, 90%는 다른 문화에 대한 존중이 증가했다고 밝혔다. 이러한 결과는 다문화 감수성 교육이 학생들의 사고방식과 태도에 긍정적인 영향을 미쳤음을 나타낸다. 교사 훈련도 다문화 감수성을 높이기 위한 전문 훈련 프로그램이 시행되고 있으며, 이 프로그램은 교사들이 학생들에게 다문화 교육을 효과적으로 전달할 수 있도록 돕는다. 2021년 조사에 따르면, 교사 중 70%가 다문화 감수성 교육이 필요하다고 응답했다. 2022년 한 연구에서는 다문화 감수성 교육이 학생들의 사회적 상호작용에 미친 영향을 분석하였다. 연구 결과, 다문화 감수성 교육을 받은 학생들은 친구 관계를 형성하는 데 긍정적인 태도를 보였으며, 갈등 상황에서도 문제를 원만하게 해결하는 경향이 있음을 발견하였다. 이 연구는 교육이 학생들의 사회적 기술을 향상시키는 데 기여함을 입증하였다. 역사와 사회 과목은 다문화 교육의 중요한 영역으로, 학생들이 다양한 문화와 역사적 배경을 배우고 이해할 수 있는 기회를 제공한다. 이 과목에서의 다양성 교육은 학생들이 프랑스 사회의 복잡성을 이해하고 다양한 문화적 관점을 수용하는 데 기여한다. 2021년 프랑스의 한 중학교에서는 역사 과목에서 '다문화 역사 프로젝트'를 도입하였다. 이 프로젝트는 학생들이 프랑스의 다양한 문화적 배경을 가진 인물들과 사건들을 연구하고 발표하는 방식으로 진행되었다. 학생들은 아프리카, 아시아, 중동 출신 인물들의 역사적 기여를 조사하고 이를 통해 다양성이 프랑스 사회에 미친 영향을 이해할 수 있었다. 2022년 조사에 따르면, 이 프로젝트에 참여한 학생 중 75%가 다양성 교육이 역사 이해에 긍정적인 영향을 미쳤다고 응답했으며, 80%는 다양한 문화의 기여를 배우면서 더 넓은 시각을 갖게 되었다고 밝혔다. 이들은 역사 공부를 통해 프랑스의 문화적 다양성을 체험하고, 이를 통해 정체성을 더욱 확립할 수 있었다. 사회 과목에서도 다양성 교육이 강화되고 있다. 2022년 프랑스 교육부는 사회 과목에 다양한 문화적 배경과 사회적 이슈를 포함하도록 교육 과정을 개정하였다. 이 과정에서는 인종 차별, 성 평등, 이민자 문제 등 현대 사회에서 중요한 이슈들이 다루어진다. 이민자 문제에 대한 논의는 학생들이 사회의 다양한 구성원으로서의 역할을 이해하는 데 도움이 된다. 2023년 실시된 연구에 따르면, 다문화 교육을 받은 학생들은 사회적 이슈에 대한 인식이 높아졌으며, 사회적 책임감을 느끼게 되었다고 응답하였다. 이 연구는 다문화 교육이 학생들에게 개인적 정체성뿐만 아니라 사회적 정체성을 강화하는 데 기여함을 보여주었다.

다문화 교육 커리큘럼은 학생들에게 긍정적인 영향을 미치고 있지만, 여전히 몇 가지 도전 과제가 존재한다. 다문화 교육은 학생들이 다양한 배경을 가진 동료들과 관계를 형성하고 사회적 통합을 이루는 데 기여하고 있다. 2023년 조사에 따르면, 다문화 교육을 받은 학생의 78%가 학교에서의 관계가 더 긍정적이라고 응답하였다. 이들은 다양한 문화적 배경을 가진 친구들과의 상호작용을 통해 사회적 기술이 향상되었음을 인식하고 있다. 학생들은 다문화 커리큘럼을 통해 다른 문화에 대한 인식을 높이고, 더 넓은 시각을 가지게 된다. 연구에 따르면, 다문화 교육을 받은 학생들은 문화적 다양성에 대해 더 긍정적인 태도를 보이며, 사회적 편견을 줄이는 데 기여하고 있다. 2022년 조사에서는 다문화 교육을 받은 학생의 85%가 문화적 다양성이 사회에 긍정적인 영향을 미친다고 응답하였다. 그러나 교육 과정의 일관성이 부족하고, 일부 학교에서는 다문화 교육이 충분히 반영되지 않아 교육의 질에 차이가 발생하고 있다. 2022년 조사에 따르면, 프랑스의 초등학교 중 약 40%가 다문화 교육을 체계적으로 시행하지 않고 있다고 응답하였다. 이는 교육의 지역적 차이로 인해 학생들이 겪는 경험의 불균형을 초래한다. 교사들이 다문화 교육에 대한 전문성을 갖추지 못할 경우, 교육의 효과가 제한될 수 있다. 2021년 조사에 따르면, 교사 중 50%가 다문화 교육을 위한 충분한 훈련을 받지 않았다고 응답하였다. 이는 교육의 질을 낮추는 요인이 될 수 있으며, 학생들이 다문화 교육에서 기대하는 효과를 얻지 못할 수도 있다. 부모와 지역 사회의 참여도 다문화 교육의 성공을 위해 중요하다. 그러나 많은 경우, 부모들이 교육 과정에 적극적으로 참여하지 않거나 지역 사회와의 협력이 부족하여 교육 효과가 제한되는 경우가 많다. 2023년 조사에서는 부모의 60%가 자녀의 다문화 교육에 대한 정보를 충분히 얻지 못했다고 응답하였다. 이는 부모들이 자녀의 교육에 대한 관심과 참여를 높일 필요가 있음을 나타낸다.

프랑스의 현대 교육 정책은 다문화 교육 커리큘럼을 통해 다양한 문화적 배경을 가진 학생들을 통합하고, 사회적 통합을 이루기 위한 노력을 기울이고 있다. 다문화 감수성 교육의 강화와 역사 및 사회 과목에서의 다양성 교육은 학생들이 서로의 문화를 이해하고 존중하는 데 기여하고 있다. 그러나 여전히 일관성 없는 교육 시행, 교사의 전문성 부족, 부모와 지역 사회의 참여 부족 등 여러 도전 과제가 존재한다. 이러한 문제들을 해결하기 위해서는 정책적 지원과 함께 지속적인 교사 훈련이 필요하며, 교육 과정의 개선이 이루어져야 한다.

프랑스는 다문화 사회로서 다양한 민족과 문화가 공존하고 있으며, 이는 교육 현장에서도 반영되어야 한다. 다문화 교육 커리큘럼은 학생들이 다양한 문화적 배경을 이해하고 존중하는 태도를 기르는 데 필수적이며, 이를 통해 학생들은 서로 다른 관점을 배우고 포용적인 사회를 구성하는 데 기여할 수 있다. 프랑스 정부는 다문화 교육을 국가 교육 정책의 핵심 요소로 삼아야 하며, 이를 위해 교사와 교육자들에게 다문화 교육에 대한 전문성을 갖출 수 있는 체계적인 훈련 프로그램을 제공하고 교육 과정에 다양성을 포함시키는 방향으로 나아가야 한다.

부모와의 협력 강화도 중요하다. 학교는 다양한 프로그램을 통해 부모를 교육 과정에 적극적으로 참여시켜야 하며, 문화 교류 행사나 워크숍을 통해 부모들이 자녀의 교육에 더 많은 참여를 할 수 있도록 유도할 수 있다. 성공적으로 운영되고 있는 다문화 교육 프로그램은 다른 학교와 지역 사회에 공유하여 우수 사례를 확산시키고, 이를 통해 다문화 교육의 질을 향상시킬 수 있다. 교육부는 성공적인 프로그램에 대한 자료를 수집하고 이를 교육자와 학교에 배포하여 다문화 교육의 효과성을 높여야 한다. 다문화 교육 커리큘럼은 단기적인 효과를 넘어 장기적으로 학생들의 사회적 통합과 정체성 형성에 긍정적인 영향을 미칠 것이다. 다양한 문화적 배경을 이해하고 존중하는 태도를 기른 학생들은 미래 사회에서 갈등을 줄이고, 협력과 상호 이해를 증진하는 데 기여할 수 있다. 다문화 교육을 통해 학생들은 글로벌 시민으로서의 의식을 갖출 수 있으며, 이는 다양한 문화적 배경을 가진 사람들과 효과적으로 소통하고 협력하게 되는 중요한 자산이 될 것이다. 사회적 연대감의 증진 또한 다문화 교육의 중요한 결과로, 학생들에게 서로 다른 문화에 대한 이해를 높여 사회의 안정성과 통합을 강화할 수 있다. 포용적인 교육 환경은 학생들의 정신적 건강에도 긍정적인 영향을 미치며, 연구에 따르면 이러한 환경은 학생들의 자존감과 사회적 관계를 향상시키는 데 기여한다.

프랑스의 교육 접근성 강화 정책은 경제적, 사회적 약자가 교육을 받을 수 있는 기회를 확대하는 데 중점을 두고 있으며, 이러한 노력은 프랑스 사회의 통합과 발전에 기여하고 있다. 교육비 지원, 무료 급식 및 교통비 지원, 장학금 및 교육 지원 프로그램은 학생들이 경제적 부담을 덜고 교육에 집중할 수 있는 환경을 조성하는 데 중요한 역할을 하고 있다. 이러한 정책은 학생들이 사회의 다양한 구성원으로서의 역할을 인식하고 통합된 사회를 구축하는 데 기여하도록 한다. 향후 프랑스 정부는 이러한 정책을 지속적으로 발전시켜 나가야 하며, 모든 학생이 평등한 교육 기회를 누릴 수 있도록 적극적으로 지원해야 한다. 이를 통해 프랑스는 더욱 포용적인 사회로 나아갈 수 있으며, 경제적, 사회적 약자들이 교육에서 소외되지 않도록 하고 모든 학생이 자신의 잠재력을 최대한 발휘할 수 있는 기회를 제공하는 데 기여할 것이다. 결국, 프랑스의 교육 시스템은 다문화적 가치와 사회적 통합을 촉진하는 데 중요한 역할을 수행하고 있으며, 이는 모든 학생이 존중받고 자신의 정체성을 발견할 수 있는 포용적인 환경을 조성하는 데 필수적이다. 이러한 정책과 프로그램은 프랑스 사회의 통합과 발전에 지속적으로 기여할 것이며, 앞으로도 다문화 교육의 필요성을 인식하고 이를 강화하기 위한 구체적인 방안을 마련해야 할 것이다. 프랑스의 교육 성책은 다문화 사회의 요구를 반영하여 보다 포용적이고 협력적인 교육 환경을 조성하는 데 기여할 것이며, 이는 글로벌 사회에서의 이해와 협력을 더욱 깊이 있게 이끌어낼 수 있는 기회를 제공할 것이다. 이와 같은 방향으로 나아가면, 프랑스는 다문화 사회의 모범이 되어 모든 시민이 동등하게 대우받고 존중받는 사회를 만드는 데 중요한 역할을 할 것이다.

프랑스의 교육 시스템은 다문화적 가치와 사회적 통합을 지속적으로 촉진하기 위해 다양한 정책과 프로그램을 운영하고 있으며, 이러한 노력은 모든 학생이 존중받고 자신의 정체성을 발견할 수 있는 포용적인 환경을 조성하는 데 필수적이다. 다문화 교육 커리큘럼과 언어 지원 프로그램은 이민자와 외국인의 사회적 통합을 촉진하는 중요한 수단으로 작용하고 있으며, 이는 학생들이 서로의 문화적 배경을 이해하고 존중하는 태도를 기르는 데 기여한다. 다문화 교육은 학생들이 다양한 문화적 배경을 가진 동료들과의 상호작용을 통해 서로의 차이를 존중하고 이해하도록 돕는다. 이러한 교육적 접근은 학생들의 사회적 기술을 향상시키고, 갈등 상황에서도 원만하게 문제를 해결하는 능력을 배양하는 데 기여한다. 2023년 조사 결과, 다문화 교육을 받은 학생들은 학교 생활에서의 긍정적인 경험과 더불어 사회적 관계 형성에서의 자신감을 높였다고 응답하였다. 또한, 프랑스 정부는 다문화 교육을 국가 교육 정책의 핵심 요소로 삼아야 하며, 이를 통해 학생들이 포용적이고 협력적인 사회를 구성하는 데 기여할 수 있도록 해야 한다. 교사와 교육자들에게 다문화 교육에 대한 전문성을 갖출 수 있는 체계적인 훈련 프로그램을 제공하고, 교육 과정에 다양성을 포함시키는 방향으로 나아가는 것이 중요하다. 부모와 지역 사회의 참여를 높이기 위한 노력도 필요하다. 학교는 다양한 프로그램을 통해 부모를 교육 과정에 적극적으로 참여시켜야 하며, 문화 교류 행사나 워크숍 등을 통해 부모들이 자녀의 교육에 더 많은 관심을 가질 수 있도록 유도해야 한다. 성공적으로 운영되고 있는 다문화 교육 프로그램은 다른 학교와 지역 사회에 공유하여 우수 사례를 확산시키고, 이를 통해 다문화 교육의 질을 향상시킬 수 있다. 프랑스의 언어 지원 프로그램은 이민자와 외국인이 프랑스어를 배우고 사회에 통합될 수 있도록 돕는 중요한 역할을 하며, 이러한 프로그램은 언어 교육뿐만 아니라 문화 교육도 포함하여 이민자들이 프랑스 사회에 보다 원활하게 적응할 수 있도록 지원한다. 언어 능력의 향상은 이민자들이 지역 사회에서의 상호작용을 원활하게 하고, 직장 및 학교에서의 참여를 증가시키며, 이는 결국 경제적 자립으로 이어진다.

이런 점에서 프랑스의 교육 정책은 학생들이 서로 다른 문화적 배경을 이해하고 존중하는 태도를 기르는 데 필수적이며, 이는 사회적 통합을 이루는 데 중요한 기초가 된다. 다문화 교육과 언어 지원 프로그램은 학생들이 포용적인 사회의 구성원으로 성장할 수 있도록 돕는 중요한 수단이다. 이러한 방향으로 나아간다면, 프랑스는 더욱 포용적이고 다문화적인 사회로 발전할 수 있을 것이며, 이는 모든 시민이 동등하게 대우받고 존중받는 사회를 만드는 데 기여할 것이다. 이후, 프랑스 정부는 이러한 정책을 지속적으로 발전시키고 개선해 나가야 하며, 모든 학생이 평등한 교육 기회를 누릴 수 있도록 적극적으로 지원해야 한다. 이를 통해 프랑스는 더욱 포용적인 사회로 나아갈 수 있으며, 경제적, 사회적 약자들이 교육에서 소외되지 않도록 하고 모든 학생이 자신의 잠재력을 최대한 발휘할 수 있는 기회를 제공하는 데 기여할 것이다. 이러한 정책과 프로그램은 프랑스 사회의 통합과 발전에 지속적으로 기여할 것이며, 다문화적 가치와 사회적 책임을 강화하는 데 중요한 역할을 할 것이다.

3.3 학계의 다양한 견해

프랑스의 교육 정책은 통합 모델과 다문화 존중 모델 간의 균형을 찾기 위한 지속적인 노력을 기울여왔으며, 이러한 노력은 프랑스 교육 시스템에서 문화적 다양성을 인식하고 수용하는 데 필수적인 요소로 자리 잡고 있다. 현재의 교육 환경은 다양한 문화적 배경을 가진 학생들이 공존하는 복합적인 상황을 반영하고 있으며, 이로 인해 여러 가지 도전 과제가 발생하고 있다. 교육 정책은 이러한 복잡한 환경 속에서 학생들이 서로 다른 배경을 이해하고 존중할 수 있는 기회를 제공하기 위해 다양한 접근 방식을 모색해야 한다.

단일 문화 통합 접근은 주로 특정 문화, 즉 주류 문화에 학생들을 통합하는 방식으로, 이 접근의 주요 목표는 학생들이 공통의 가치와 규범을 공유하도록 유도하며 사회적 일체성을 강조하는 것이다. 이러한 접근은 여러 장점을 가지고 있지만, 동시에 문화적 다양성을 무시할 위험이 존재한다. 예를 들어, 프랑스의 전통적인 교육 시스템은 학생들에게 공통의 역사와 문화를 가르쳐 공동체 의식을 강화하는 데 중점을 두고 있으며, 이는 학생들이 사회적 응집력을 느낄 수 있도록 하는 긍정적인 효과를 가져온다. 그러나 이러한 방식은 학생들이 자신의 문화적 정체성을 부정하게 만들거나, 자신의 고유한 배경을 숨기게 만들 수 있는 위험이 따르며, 이는 결과적으로 사회적 갈등을 초래할 수 있다. 통계에 따르면, 문화적 소수자 학생들 중 약 45%가 학교에서 소외감을 느낀다고 응답하여, 문화적 통합이 지나치게 강압적일 경우 사회적 고립감을 초래할 수 있다는 점이 드러난다. 이러한 고립감은 학생들의 학업 성취도와 정신적 건강에 부정적인 영향을 미칠 수 있으며, 이는 장기적으로 교육의 질과 사회적 통합에 심각한 문제를 일으킬 수 있다.

반면에, 다문화 존중 접근은 다양한 문화적 배경을 인정하고 존중하는 방식을 채택하여, 학생들이 자신의 문화적 정체성을 유지하면서도 다른 문화에 대한 이해와 존중을 배울 수 있도록 한다. 이 접근은 모든 학생이 자신의 문화적 정체성을 유지할 수 있도록 하며, 이를 통해 자존감을 높이는 데 기여할 수 있다. 이와 더불어, 다문화 존중 접근은 다양한 문화 간의 상호 이해를 증진시키는 데 긍정적인 영향을 미친다. 예를 들어, 프랑스의 다문화 교육 프로그램은 학생들이 다양한 문화적 배경을 이해하고 존중하도록 돕는 데 중점을 두고 있으며, 이는 학생들이 서로 다른 문화에 대한 이해도를 높이는 데 기여한다. 그리나 다문화 존중 접근은 교육 과정의 복잡성과 일관성 부족 등의 도전 과제가 존재한다. 이러한 접근이 제대로 시행되지 않을 경우, 교육의 일관성이 떨어질 수 있으며, 일부 학생들은 여전히 소외감을 느낄 수 있다. 실제로, 다문화 교육이 미흡한 학교에서는 학생들이 자신의 문화를 충분히 표현하지 못하고, 이로 인해 불만족스러운 경험을 하게 되는 경우가 많다.

프랑스는 이러한 통합 모델과 다문화 모델 간의 균형을 찾기 위해 다양한 정책을 시행하고 있으며, 최근 들어 다문화 존중 접근이 더욱 강조되고 있다. 프랑스 정부는 다양한 배경을 가진 학생들이 자신의 문화를 존중받을 수 있도록 하는 정책을 시행하고 있으며, 다문화 교육 프로그램이 확대되고 있다. 예를 들어, 다문화 교육 프로그램은 학생들이 서로 다른 문화적 배경을 이해하고 존중할 수 있도록 돕기 위해 설계되었으며, 역사, 사회 및 언어 과목에서 다양한 문화적 관점을 포함하고 있다. 2023년 조사에 따르면, 다문화 교육 프로그램에 참여한 학생의 75%가 이러한 교육이 자신의 문화적 정체성을 더욱 확립하는 데 도움이 되었다고 응답하였으며, 이들은 또한 서로 다른 문화에 대한 이해도가 높아졌다고 밝혔다.

캐나다는 다문화 존중 접근의 성공적인 사례로 자주 언급되며, 그 교육 시스템은 다양한 문화적 배경을 가진 학생들을 위한 포용적인 환경을 조성하고 있다. 캐나다의 교육 정책은 모든 학생이 자신의 문화적 배경을 존중받고 이를 교육 과정에 반영할 수 있도록 하며, 학생들이 자신의 문화를 소개하고 다른 문화에 대해 배우는 기회를 제공한다. 2022년 조사에 따르면, 캐나다의 다문화 교육 프로그램에 참여한 학생의 80%가 다양한 문화에 대한 이해가 높아졌다고 응답하였으며, 이들은 서로 다른 배경을 가진 친구들과의 관계가 더욱 깊어졌다고 밝혔다. 이러한 사례는 다문화 존중 접근이 학생들에게 긍정적인 영향을 미치고 있음을 보여준다.

독일은 다문화 존중 접근을 채택하고 있으며, 이민자 학생들을 위한 다양한 지원 프로그램을 운영하고 있다. 독일의 교육 시스템은 이민자 학생들이 자신의 언어와 문화를 유지할 수 있도록 지원하며, 동시에 독일어를 배우도록 돕고 있다. 2023년 조사에 따르면, 독일의 통합 프로그램에 참여한 이민자 학생의 75%가 독일 사회에 잘 적응하고 있다고 응답하였으며, 이들은 독일어 실력이 향상되었고 다양한 문화적 배경을 가진 친구들을 사귀게 되어 긍정적으로 평가하고 있다. 이러한 점은 독일의 교육 시스템이 문화적 다양성을 존중하고 이를 교육적으로 활용하는 데 성공하고 있다는 것을 보여준다.

결론적으로 프랑스의 교육 정책은 통합 모델과 다문화 존중 모델 간의 균형을 찾기 위한 지속적인 노력이 필요하며, 이는 학생들이 서로 다른 문화적 배경을 이해하고 존중하는 태도를 기르는 데 기여할 것이다. 단일 문화 통합 접근은 사회적 응집력을 강화할 수 있지만, 문화적 다양성을 무시할 위험이 따른다. 반면, 다문화 존중 접근은 다양한 문화적 배경을 인정하고 존중하는 것을 목표로 하지만, 교육 과정의 복잡성과 일관성 부족 등의 도전 과제가 존재한다. 프랑스, 캐나다, 독일의 사례를 통해 볼 때, 다문화 존중 접근은 학생들이 서로를 이해하고 존중하는 데 긍정적인 영향을 미치며, 이는 사회적 통합을 촉신하는 데 기여하고 있다. 앞으로도 프랑스 교육 정책은 이러한 다양한 접근 방식을 고려하여 모든 학생이 존중받고 자신의 정체성을 발견할 수 있는 포용적인 환경을 조성하는 데 중점을 두어야 하며, 이를 통해 프랑스 사회의 통합과 발전에 기여할 수 있을 것이다. 이러한 노력은 프랑스 사회의 통합과 발전에 긍정적인 영향을 미칠 것이며, 다문화적 가치와 사회적 책임을 강화하는 데 중요한 역할을 할 것이다. 따라서 프랑스의 교육 정책은 앞으로도 문화적 다양성을 존중하고 통합하는 방향으로 발전해 나가야 하며, 이는 모든 학생들이 자신의 정체성을 발견하고 존중받는 데 기여할 것이다. 이러한 방향으로 나아간다면, 프랑스는 더욱 포용적이고 다문화적인 사회로 발전할 수 있을 것이며, 이는 모든 시민이 동등하게 대우받고 존중받는 사회를 만드는 데 기여할 것이다. 결과적으로, 프랑스의 교육 정책은 통합 모델과 다문화 존중 모델 간의 균형을 찾기 위한 지속적인 노력이 필요하며, 이러한 노력은 교육 현장에서 문화적 다양성을 인식하고 수용하는 데 필수적이다. 이러한 교육 정책의 발전은 학생들이 서로 다른 문화적 배경을 이해하고 존중하는 태도를 기르는 데 기여할 것이며, 이는 학생들이 글로벌 시민으로 성장하는 데 필요한 사회적 기술과 문화적 이해를 습득하는 데 중요한 역할을 할 것이다.

이러한 변화는 프랑스 교육 시스템이 다문화 사회에서 성공적으로 기능할 수 있도록 하는 데 필수적이며, 이를 통해 학생들은 서로 다른 문화적 배경을 가진 동료들과의 상호작용을 통해 풍부한 학습 경험을 얻을 수 있다. 따라서 프랑스는 교육 정책의 방향성을 재정립하여 모든 학생이 서로의 차이를 인정하고 존중하는 방법을 배우고, 다문화 사회에서의 통합을 이루는 데 기여할 수 있는 기회를 제공해야 할 것이다. 이러한 방향으로 나아간다면, 프랑스 교육 시스템은 학생들이 다양한 문화적 배경을 가진 동료들과 소통하고 협력하는 능력을 향상시키는 데 중점을 둘 수 있으며, 이는 학생들이 사회의 다양한 구성원으로서의 역할을 인식하고 수행하는 데 필요한 중요한 경험이 될 것이다. 이러한 경험은 학생들이 서로의 문화적 배경을 이해하고 존중하는 데 기여하며, 이는 궁극적으로 사회적 통합과 평화를 증진하는 데 중요한 역할을 할 것이다. 이러한 노력은 프랑스 사회의 통합과 발전을 위한 중요한 기초가 되며, 모든 학생이 동등한 기회를 누릴 수 있는 포용적인 환경을 조성하는 데 기여할 것이다.

프랑스의 교육 정책은 이제 단순히 지식 전달에 그치지 않고, 학생들이 서로 다른 배경을 가진 동료들과의 관계를 형성하고, 다양한 문화적 경험을 통해 성장할 수 있도록 하는 방향으로 나아가야 한다. 교육 현장에서의 문화적 다양성은 학생들에게 풍부한 학습 경험을 제공하며, 이는 그들의 사회적 기술과 문제 해결 능력 향상에 기여할 수 있다. 예를 들어, 다문화 교육 프로그램은 학생들이 서로의 문화를 이해하고 존중하도록 돕는 데 중점을 두며, 이를 통해 학생들은 자신의 정체성을 긍정적으로 수용하고, 다양한 시각에서 문제를 바라보는 능력을 키울 수 있다. 또한, 교사들은 다문화적 환경에서의 교육을 효과적으로 수행하기 위해 지속적인 전문성 개발이 필요하다. 이는 교사들이 학생들의 문화적 배경을 이해하고, 이를 바탕으로 효과적인 교수법을 개발하는 데 중요한 역할을 한다. 다문화 교육을 위한 훈련 프로그램은 교사들이 다양한 문화적 배경을 가진 학생들을 지원하는 데 필요한 도구와 지식을 제공해야 하며, 이를 통해 교사들은 학생들의 학업 성취와 정서적 안정성을 높이는 데 기여할 수 있다.

프랑스의 교육 정책은 또한 지역 사회와의 협력을 강화하여 학생들이 다양한 문화적 배경을 가진 사람들과의 상호작용을 통해 배울 수 있는 기회를 제공해야 한다. 지역 사회와의 협력은 학생들이 자신의 문화를 소개하고, 다른 문화에 대해 배우는 기회를 제공함으로써, 학생들이 서로를 이해하고 존중하는 데 도움이 된다. 이러한 노력은 학생들이 학교 외부의 다양한 문화적 경험을 통해 성장하도록 돕는 중요한 요소가 될 것이다. 그래서 프랑스의 교육 정책은 통합 모델과 다문화 존중 모델 간의 균형을 찾기 위한 지속적인 노력이 필요하며, 이는 학생들이 서로 다른 문화적 배경을 이해하고 존중하는 태도를 기르는 데 기여할 수 있다. 단일 문화 통합 접근은 사회적 응집력을 강화할 수 있지만, 문화적 다양성을 무시할 위험이 있으며, 다문화 존중 접근은 다양한 문화적 배경을 인정하고 존중하는 것을 목표로 하지만, 교육 과정의 복잡성과 일관성 부족 등의 도전 과제가 존재한다. 이러한 점에서 프랑스의 교육 정책은 앞으로도 문화적 다양성을 존중하고 통합하는 방향으로 발전해 나가야 하며, 이는 모든 학생들이 자신의 정체성을 발견하고 존중받는 데 기여할 것이다.

이러한 방향으로 나아간다면, 프랑스는 더욱 포용적이고 다문화적인 사회로 발전할 수 있을 것이며, 이는 모든 시민이 동등하게 대우받고 존중받는 사회를 만드는 데 기여할 것이다. 따라서 프랑스의 교육 정책은 앞으로도 문화적 다양성을 존중하고 통합하는 방향으로 발전해 나가야 하며, 이는 모든 학생들이 자신의 정체성을 발견하고 존중받는 데 기여할 것이다. 결국 프랑스의 교육 정책은 통합 모델과 다문화 존중 모델 간의 균형을 찾기 위한 지속적인 노력이 필요하며, 이러한 노력은 교육 현장에서 문화적 다양성을 인식하고 수용하는 데 필수적이다. 이러한 변화는 학생들이 세계 시민으로 성장하는 데 필요한 사회적 기술과 문화적 이해를 습득하는 데 중요한 역할을 할 것이다. 이 교육 정책의 발전은 학생들이 서로 다른 문화적 배경을 이해하고 존중하는 태도를 기르는 데 기여할 것이며, 이는 학생들이 글로벌 시민으로 성장하는 데 필요한 사회적 책임을 느끼게 하고, 더 나아가 사회의 통합과 발전에 기여할 수 있는 기반을 마련하는 데 필수적이다.

따라서 프랑스의 교육 시스템은 다문화 사회에서 성공적으로 기능할 수 있도록 하는 데 필요한 다양한 접근 방식을 지속적으로 탐색하고 시행해야 하며, 이는 모든 학생들이 서로의 차이를 인정하고 존중하는 방법을 배우고, 다문화 사회에서의 통합을 이루는 데 효과적인 기회를 제공하는 데 중점을 두어야 한다. 이러한 교육적 변화는 프랑스 사회의 통합과 발전에 긍정적인 영향을 미칠 것이며, 궁극적으로는 모든 시민이 존중받고 동등한 대우를 받을 수 있는 사회를 만드는 데 도움이 될 것이다.

4 한국의 상황과 다문화 정책

한국은 최근 몇 년간 급격한 사회 변화를 겪으며 다문화 사회로의 전환을 경험하고 있으며, 이 과정에서 이민자와 외국인 노동자의 증가가 한국 사회의 구조적 변화와 함께 다양한 도전과 기회를 만들어내고 있다. 한국은 전통적으로 단일 민족 국가로 인식되어 왔으나, 글로벌화와 경제 발전으로 인해 다문화 사회로의 전환이 가속화되고 있으며, 이민자와 외국인 노동자의 유입은 한국 사회의 다양성을 높이고 있다. 이러한 변화는 사회적, 경제적, 문화적 변화의 중요한 요소로 작용하고 있으며, 2023년 기준으로 한국 내 이민자 수는 약 200만 명에 달하고, 이는 전체 인구의 약 4%를 차지한다. 이민자들은 주로 결혼 이민자, 외국인 노동자, 유학생 등으로 구성되어 있으며, 특히 결혼 이민자는 전체 외국인 인구의 약 30%를 차지하여 한국 사회의 가족 구조에 큰 변화를 가져오고 있다.

4.1 한국의 다문화 사회로의 전환

2022년 통계청 자료에 따르면, 외국인 주민 수는 2010년에 비해 약 3배 증가하였으며, 결혼 이민자와 외국인 노동자의 비율이 높아지고 있다. 2020년에는 결혼 이민자의 수가 약 60만 명에 이르렀고, 이들은 주로 동남아시아 국가에서 유입되고 있으며, 베트남, 필리핀, 태국 출신의 이민자들이 많은 비율을 차지하고 있다. 이러한 이민자의 증가는 한국 사회의 다양한 분야에서 구조적 변화를 가져오고 있으며, 농업, 제조업, 서비스업 등 다양한 산업에서 외국인 노동자의 비율이 증가하고 있다. 2023년 기준, 제조업에서는 외국인 노동자가 약 10%를 차지하여 특정 산업의 생산성과 효율성을 높이는 데 기여하고 있다. 현대자동차와 삼성전자는 외국인 노동자를 적극적으로 고용하여 생산 라인의 효율성을 높이고 있다.

외국인 노동자와 다문화 가정은 한국 사회에 다양한 기여를 하고 있지만, 동시에 여러 도전에 직면하고 있다. 외국인 노동자는 한국 경제의 성장에 중요한 역할을 하며, 특히 저출산과 고령화로 인한 노동력 부족 문제를 해결하는 데 기여하고 있다. 2022년 한국고용정보원의 보고서에 따르면, 외국인 노동자는 농업, 건설업, 제조업 등에서 10만 명 이상의 일자리를 창출하는 데 기여하고 있으며, 이들은 한국의 다양한 문화적 풍요를 더하는 데 중요한 역할을 하고 있다. 2021년 기준으로 외국인 노동자는 한국의 농업과 건설업에서 각각 20%와 15%의 비율로 고용되고 있으며, 이는 해당 산업의 생산성과 효율성을 높이는 데 기여하고 있다. 그러나 외국인 노동자와 다문화 가정은 언어 장벽, 문화적 차이, 사회적 차별 등 여러 가지 도전에 직면해 있다. 외국인 노동자들은 한국어 능력 부족으로 인해 직장에서 불이익을 받거나 고용 안정성이 낮아지는 문제를 겪고 있다. 2022년 한국이민자센터의 조사에 따르면, 외국인 노동자의 45%가 언어 장벽으로 인해 직장 내 의사소통에 어려움을 겪고 있다고 응답하였다. 다문화 가정의 자녀들은 학교에서 문화적 정체성 문제와 차별을 경험할 수 있으며, 2023년 조사에 따르면, 다문화 가정의 자녀 중 30%가 학교에서 차별을 경험했다고 응답하였고, 이들 중 60%는 학교 생활에서 소외감을 느끼고 있다고 밝혔다. 이러한 경험은 이들의 정서적 안정과 학업 성취에도 부정적인 영향을 미칠 수 있으며, 다문화 가정의 자녀는 종종 친구들 사이에서 소외감을 느낀다.

한국의 이민자는 결혼 이민자, 외국인 노동자, 유학생 등 여러 형태로 존재하며, 이들 각각은 한국 사회에 다양한 영향을 미치고 있다. 결혼 이민자는 한국 남성과 외국 여성 간의 결혼을 통해 한국에 정착하는 경우로, 이러한 결혼 이민자는 한국 사회의 가족 구조에 상당한 변화를 가져오고 있다. 2022년 기준, 결혼 이민자의 수는 약 60만 명에 달하며, 이들은 주로 베트남(약 30%), 필리핀(약 20%), 태국(약 10%) 출신으로, 한국 사회의 인구 구조에 긍정적인 영향을 미치고 있다. 결혼 이민자는 한국의 저출산 문제를 어느 정도 해결하는 데 기여하고 있으며, 다문화 가정의 자녀는 한국 사회의 인구 증가에 기여하고 새로운 가치관과 시각을 제시하고 있다.

외국인 노동자는 한국 경제의 다양한 산업에서 중요한 역할을 하며, 이들은 대체로 단기 비자나 고용허가제를 통해 한국에 들어오고 주로 저임금 일자리를 차지하고 있다. 2023년 기준으로 외국인 노동자는 농업(약 20%), 제조업(약 15%), 건설업(약 10%) 등에서 고용되고 있으며, 특히 농업 분야에서는 외국인 노동자가 없이는 생산이 어려운 상황이 되어버렸다. 예를 들어, 쌀 농사와 같은 특정 농작물 재배는 외국인 노동자의 도움 없이는 지속 가능성이 낮아지고 있다. 그러나 외국인 노동자들은 종종 저임금, 비정규직, 그리고 열악한 근무 환경에 처해 있으며, 2022년 한국노동연구원의 조사에 따르면 외국인 노동자의 55%가 고용 불안정성을 느끼고 있다고 응답하였고, 40%는 노동 환경의 열악함으로 인해 직장 이탈을 고려하고 있다고 밝혔다.

한국은 교육의 질이 높고 문화적 매력이 있어 많은 외국인 학생들이 유학을 위해 한국에 오며, 이들은 한국의 교육 시스템에서 중요한 역할을 하며 장기적으로 한국 사회에 기여할 수 있는 인재로 성장할 가능성이 크다. 2023년 기준으로 한국에는 약 20만 명의 외국인 유학생이 있으며, 이 중 가장 많은 수를 차지하는 국가는 중국, 베트남, 미국이다. 이들은 주로 과학, 기술, 공학, 수학(STEM) 분야에서 공부하고 있으며, 한국의 글로벌 인재 육성에 기여하고 있다. 유학생들은 한국 사회에 다양한 문화적 경험을 가져다주며, 서로 다른 문화적 배경을 가진 친구들과의 교류를 통해 세대 간의 이해와 존중을 높이는 데 기여하고 있다. 2022년, 한국의 여러 대학에서는 다문화 축제와 같은 행사를 개최하여 유학생들이 자신의 문화를 소개하고, 한국 학생들과의 상호작용을 강화하는 기회를 제공하였다. 이러한 이민자의 증가와 외국인 노동자의 유입은 한국 사회에 긍정적인 영향을 미치고 있지만, 이들과 관련된 여러 도전 과제가 존재하므로 한국 정부는 다문화 사회로의 전환을 원활하게 하기 위한 정책적 노력이 필요하다.

사회적 통합 프로그램이 필요하며, 이를 통해 외국인 노동자와 다문화 가정이 한국 사회에 적응하고 문화적 차이를 극복할 수 있도록 지원해야 한다. 예를 들어, 언어 교육, 문화 교류 프로그램, 상담 서비스 등이 포함될 수 있다. 또한, 외국인 노동자와 다문화 가정의 권리를 보호하기 위한 법적 장치가 필요하며, 차별과 소외를 방지하고 이들이 안정적으로 한국 사회에 정착할 수 있도록 해야 한다. 2023년 조사에 따르면 외국인 노동자의 50%가 차별적인 대우를 경험했다고 응답하였으며, 이들은 법적 보호가 필요하다고 느끼고 있다.

학교 교육에서도 다문화 교육을 강화할 필요가 있으며, 학생들이 다양한 문화적 배경을 이해하고 존중할 수 있는 교육 과정이 필요하다. 이는 다문화 가정의 자녀들이 학교에서 소외되지 않고 긍정적인 학업 성과를 내는 데 도움을 줄 수 있다. 교사들이 다문화 교육에 대한 전문성을 갖출 수 있도록 하는 교육 프로그램이 필요하며, 이를 통해 교사들이 문화적 다양성을 이해하고 이를 수업에 효과적으로 반영할 수 있도록 지원해야 한다. 이는 한국이 다문화 사회로의 전환을 지속적으로 진행하고 있으며, 이민자와 외국인 노동자의 증가로 인해 사회 구조가 변화하고 있다는 의미다. 이들은 한국 사회의 경제적, 문화적 발전에 기여하고 있지만, 동시에 여러 도전에 직면해 있다. 따라서 한국 사회는 이러한 이민자와 다문화 가정에 대한 지원과 정책을 강화하여 모두가 존중받고 함께 성장할 수 있는 포용적인 사회로 나아가야 한다. 이러한 변화는 한국 사회가 다문화 사회로의 성숙을 이루는 데 중요한 요소가 될 것이며, 이는 한국 사회의 지속 가능한 발전을 위한 기초가 될 것이다. 정부와 사회 전체가 협력하여 다문화 사회를 구축하는 데 주력해야 하며, 이를 통해 다양한 문화적 배경을 가진 사람들의 권리를 보호하고, 이들이 사회에 통합될 수 있도록 지원하는 정책을 마련해야 한다.

다문화 가정 학생들이 겪는 언어 및 문화 적응 문제는 그들의 학업 성취와 사회적 통합에 큰 도전을 안겨준다. 이를 해결하기 위해서는 체계적이고 전문적인 지원이 필요하다. 정부는 다문화 가정 학생들을 위한 맞춤형 언어 교육 프로그램을 개발하고, 이들이 한국 사회에 잘 적응할 수 있도록 다양한 문화 이해 교육을 강화해야 한다. 또한, 학교와 지역 사회는 다문화 가정 학생들을 지원하기 위한 프로그램을 지속적으로 확대하고, 이들의 정서적 안정과 사회적 통합을 도울 수 있는 체계를 구축해야 한다. 결국, 다문화 정책의 성공은 한국 사회의 통합과 다양성 존중에 달려 있으며, 이는 모든 구성원이 함께 존중받고 발전할 수 있는 환경을 만들어 나가는 데 필수적이다. 이러한 노력은 한국이 진정한 다문화 사회로 거듭나는 데 기여할 것이며, 모든 시민이 서로의 차이를 이해하고 존중하는 사회를 만드는 데 중요한 역할을 할 것이다. 따라서 한국 사회는 다문화적 가치와 포용성을 더욱 강화하여, 미래 세대가 다양한 배경을 가진 사람들과 함께 조화롭게 살아갈 수 있는 사회를 만들어 나가야 한다.

이를 위해 한국 사회는 다문화 정책을 체계적으로 수립하고, 이를 실행하기 위한 다양한 전략을 마련해야 한다. 먼저, 다문화 가정 학생들의 언어 능력을 향상시키기 위해 전문적인 한국어 교육 프로그램을 개발하고, 이를 지속적으로 운영해야 한다. 이러한 프로그램은 학생들이 한국어를 효과적으로 습득할 수 있도록 돕고, 학업 성취도를 높이는 데 기여할 것이다. 또한, 학교와 지역 사회에서 다문화 이해 교육을 강화하여 학생들이 다양한 문화적 배경을 가진 동료들을 이해하고 존중하는 법을 배우도록 해야 한다. 다문화 교육 커리큘럼을 정규 과목으로 도입하고, 문화 체험 프로그램을 통해 학생들이 서로의 문화를 직접 경험할 수 있는 기회를 제공해야 한다. 이러한 교육적 접근은 학생들이 문화적 다양성을 자연스럽게 수용하고, 사회적 통합을 이루는 데 중요한 역할을 할 것이다.

정서적 지원 체계도 필수적이다. 다문화 가정 학생들은 정서적 어려움을 겪는 경우가 많기 때문에, 전문 상담사를 배치하여 이들이 상담을 통해 정서적 지지를 받을 수 있도록 해야 한다. 그리고 선배 학생들이나 지역 사회의 성인들이 멘토가 되어 다문화 가정의 자녀를 지원하는 멘토링 프로그램을 운영함으로써, 이들의 사회적 관계 형성과 정서적 안정에 기여할 수 있다.

마지막으로, 정부와 교육 기관, 지역 사회는 협력하여 다문화 사회를 구축하기 위한 포괄적인 지원 체계를 마련해야 한다. 이러한 체계는 다문화 가정 학생들이 한국 사회에 잘 적응하고, 자신의 잠재력을 최대한 발휘할 수 있도록 도와줄 것이다. 정부는 관련 법률과 정책을 보완하여 다문화 가정의 권리를 보호하고, 차별을 방지하는 법적 장치를 마련해야 한다. 결론적으로, 한국은 다문화 사회로의 전환을 지속적으로 추진하며, 이민자와 외국인 노동자의 증가로 인해 사회 구조가 변화하고 있다. 이들은 한국 사회의 경제적, 문화적 발전에 기여하고 있지만, 동시에 여러 도전에 직면해 있다. 따라서 한국 사회는 이러한 이민자와 다문화 가정에 대한 지원과 정책을 강화하여 모두가 존중받고 함께 성장할 수 있는 포용적인 사회로 나아가야 한다.

이러한 변화는 한국 사회가 다문화 사회로의 성숙을 이루는 데 중요한 요소가 될 것이며, 이는 한국 사회의 지속 가능한 발전을 위한 기초가 될 것이다. 정부와 사회 전체가 협력하여 다문화 사회를 구축하는 데 주력해야 하며, 이 과정에서 모든 구성원이 서로의 차이를 이해하고 존중하는 사회를 만드는 데 기여할 것이다. 이로써 한국은 진정한 다문화 사회로 거듭날 수 있으며, 각 문화가 조화를 이루며 함께 발전하는 사회가 될 것이다. 그리고 다문화 사회로의 전환을 위해서는 다양한 이해관계자 간의 협력과 소통이 필수적이다. 정부, 교육기관, 비정부기구(NGO), 지역 사회 등이 함께 협력하여 다문화 정책을 수립하고 실행해야 하며, 이를 통해 사회적 통합을 이루는 데 기여할 수 있다. 각 이해관계자는 자신의 역할을 명확히 인식하고, 다문화 사회의 발전을 위해 상호 협력해야 한다. 특히, 지역 사회 차원에서의 노력은 매우 중요하다. 지역 주민들이 다문화 가정과의 소통을 통해 서로의 문화를 이해하고 존중하는 환경을 조성하는 것이 필요하다. 이를 위해 지역 사회 내에서 다문화 행사나 프로그램을 정기적으로 개최하고, 주민들이 참여할 수 있는 기회를 제공해야 한다. 이러한 활동은 주민들 간의 관계를 강화하고, 다문화 가정에 대한 편견과 차별을 줄이는 데 도움이 될 것이다.

한편으로, 미디어와 정보의 역할도 간과할 수 없다. 다양한 매체를 통해 다문화 사회에 대한 긍정적인 인식을 확산시키고, 다문화 가정의 성공 사례를 공유하여 사회 전반에 긍정적인 영향을 미칠 수 있다. 미디어는 다문화 사회의 다양한 측면을 조명하고, 이를 통해 대중의 인식을 변화시키는 중요한 역할을 할 수 있다. 따라서 정부와 미디어 기관은 협력하여 다문화 사회에 대한 올바른 정보를 제공하고, 문화 간의 이해와 존중을 증진시키는 콘텐츠를 제작해야 한다. 동시에 다문화 가정 학생들의 교육적 성취를 높이기 위해서는 학부모와의 협력도 중요하다. 다문화 가정의 부모들이 한국 사회에 잘 적응하고, 자녀의 교육에 적극적으로 참여할 수 있도록 지원하는 프로그램이 필요하다. 이를 통해 부모들은 자녀의 교육에 대한 이해도를 높이고, 자녀가 학교에서 겪는 어려움을 더 잘 지원할 수 있을 것이다. 예를 들어, 부모 교육 프로그램을 운영하여 다문화 가정의 부모들이 한국의 교육 시스템과 문화에 대한 정보를 제공받고, 자녀의 학습을 지원하는 방법을 배우도록 해야 한다.

마지막으로, 한국은 국제 사회와의 연계를 통해 다문화 사회로의 전환을 더욱 촉진할 수 있다. 다른 나라의 다문화 정책과 사례를 연구하고, 이를 기반으로 한국에 맞는 정책을 개발하는 것이 중요하다. 국제적인 경험과 지식을 활용하여 다문화 사회의 이점을 극대화하고, 다양한 문화가 공존하는 사회를 만들어 나가야 한다.

이런 점에서 한국의 다문화 사회로의 전환은 단순한 정책적 변화에 그치지 않고, 사회 전반의 인식과 태도의 변화를 요구한다. 모든 구성원이 서로를 이해하고 존중하는 태도를 기르는 것이 필요하며, 이를 위해 지속적인 교육과 소통이 필수적이다. 이러한 노력은 한국 사회가 진정한 다문화 사회로 거듭나는 데 중요한 기반이 될 것이며, 궁극적으로 모든 개인이 존중받고, 함께 성장할 수 있는 포용적인 사회를 만들어 나가는 데 기여할 것이다. 따라서 한국은 앞으로도 다문화 정책을 체계적으로 강화하고, 다양한 이해관계자들과 협력하여 다문화 사회로의 성공적인 전환을 이루어야 할 것이다. 이러한 과정에서 모든 시민이 공동체의 일원으로서 존중받고, 그들의 문화적 정체성을 긍정적으로 수용할 수 있는 사회를 만들어 나가야 한다. 이는 한국의 지속 가능한 발전과 사회 통합을 위한 필수적인 과정이 될 것이다.

4.2 기존 다문화 정책의 평가

한국의 다문화 정책은 지난 수십 년 동안 발전해왔으나, 문화적 포용과 차별 문제는 여전히 중요한 이슈로 남아 있다. 한국 사회의 다문화 수용에 대한 인식은 변화하고 있으며, 차별 사례와 이를 개선하기 위한 노력이 필요하다. 한국 사회의 다문화 수용에 대한 인식은 과거 몇 년간 변화해왔으며, 초기에는 다문화에 대한 부정적인 인식이 많았으나, 최근 들어 다문화 사회에 대한 이해와 수용이 점차 높아지고 있는 추세이다. 2023년 한국사회여론연구소(KSOI) 조사에 따르면, 응답자의 65%가 다문화 사회를 긍정적으로 평가하며, 다양한 문화가 공존하는 사회를 지향해야 한다고 응답하였다. 이는 2010년 조사에서 긍정적 인식이 40%에 불과했던 것과 비교할 때 큰 변화이다. 특히, 20대와 30대의 젊은 세대는 다문화에 대해 더 긍정적인 인식을 가지고 있으며, 이들은 다문화 가정 학생들과의 교류를 통해 서로의 문화를 이해하고 존중할 준비가 되어 있다고 응답하였다.

다문화 가정의 자녀가 학교에 다니면서 다양한 문화적 배경을 가진 친구들과 함께하는 경험이 늘어나고 있으며, 이러한 경험은 학생들이 서로의 문화를 존중하고 이해하는 데 긍정적인 영향을 미치고 있다. 예를 들어, 한 초등학교에서는 다문화 교육 프로그램을 통해 학생들이 각자의 문화를 발표하고, 서로의 전통 음식을 나누는 행사를 진행하였으며, 이 프로그램에 참여한 학생들은 서로 다른 문화를 존중하는 태도를 기르게 되었고, 조사에 따르면 90%의 학생이 이러한 경험이 긍정적이었다고 응답하였다. 또한, 다문화 가정의 자녀들이 학교에 다니면서 그들의 문화적 배경이 존중받는 사례도 증가하고 있다. 서울의 한 중학교에서는 다문화 가정 학생들이 자신의 문화적 전통을 소개하고, 이를 통해 다른 친구들과의 관계를 강화하는 프로그램을 운영하고 있으며, 2022년 이 프로그램에 참여한 다문화 가정 학생의 75%는 친구들과의 관계가 개선되었다고 응답하였다. 그러나 다문화 가정에 대한 차별 사례는 여전히 존재하며, 이는 다문화 가정 학생들이 학교 생활에서 겪는 어려움으로 이어진다. 2022년 한국인권위원회의 보고서에 따르면, 다문화 가정 학생들이 겪는 차별 사례가 증가하고 있으며, 한 다문화 가정의 학생은 "이방인"이라는 이유로 따돌림을 당한 사례가 있었다. 이 학생은 학업 성취도 저하와 함께 심리적 스트레스를 겪었으며, 결국 학교를 자퇴하는 상황에 이르렀다. 2023년, 인천의 한 고등학교에서는 다문화 가정 출신의 학생이 친구들로부터 지속적인 괴롭힘을 당한 사례가 있었다. 이 학생은 한국어 능력이 부족하다는 이유로 조롱당하고, 수업 중에도 소외감을 느껴 결국 우울증을 겪게 되었다. 이러한 차별 사례는 다문화 가정 학생들이 교육 환경에서 안정적으로 성장하는 데 큰 장애물로 작용한다.

한국 정부는 이러한 차별 문제를 인식하고, 이를 개선하기 위한 정책을 마련하고 있다. 2020년에는 '다문화가족지원법'을 개정하여, 다문화 가정에 대한 차별을 방지하고 이들의 권리를 보호하는 조항을 강화하였다. 이 법은 다문화 가정이 사회에 통합될 수 있도록 지원하는 다양한 프로그램을 포함하고 있으며, 차별 사례에 대한 신고 시스템도 구축하였다. 2022년 기준, 이러한 법적 조치에 따라 다문화 가정에 대한 차별 사례 신고가 40% 증가하였고, 이에 대한 조사도 활발히 이루어지고 있다. 비정부기구(NGO)와 시민단체들도 차별 문제 해결을 위해 적극적으로 나서고 있으며, '다문화 가족 인식 개선 캠페인'을 통해 다문화 가정에 대한 긍정적인 이미지를 확산시키고, 차별을 방지하는 메시지를 사회에 전달하고 있다. 2023년에는 이러한 캠페인에 참여한 인구의 70%가 다문화 가정에 대한 이해도가 높아졌다고 응답하였다. 이러한 노력들은 다문화 가정에 대한 부정적인 인식을 줄이고, 사회적 통합을 촉진하는 데 기여하고 있다. 많은 학교들은 다문화 교육을 강화하고, 다문화 가정 학생들을 위한 특별 지원 프로그램을 운영하고 있다. 2023년 서울의 한 초등학교에서는 다문화 가정 학생들을 대상으로 한 멘토링 프로그램을 시작하였으며, 이 프로그램은 선배 학생들이 멘토가 되어 다문화 가정 학생들이 학교 생활에 적응하는 데 도움을 주는 것이다. 이 프로그램에 참여한 학생의 80%가 멘토링을 통해 긍정적인 변화를 경험했다고 응답하였다.

다문화 정책의 발전 방향은 문화적 포용과 차별 문제를 동시에 해결하는 데 중점을 두어야 하며, 이를 위해 다문화 교육의 확대와 질 향상이 중요하다. 교육부는 전국의 모든 학교에서 적용할 수 있는 다문화 교육 커리큘럼을 개발해야 하며, 이 커리큘럼은 문화적 다양성을 이해하고 존중하는 내용을 포함해야 한다. 2024년부터 다문화 교육을 필수 과목으로 지정하는 방안을 검토하고 있으며, 교사들이 다문화 교육에 대한 전문성을 갖출 수 있도록 연수 프로그램을 마련해야 한다. 다문화 가정이 한국 사회에 잘 적응할 수 있도록 지원하는 시스템을 강화해야 하며, 다문화 가정의 부모를 위한 교육 프로그램을 운영하여 한국 사회에 대한 이해를 높이고 자녀 교육에 대한 정보를 제공해야 한다. 2022년 서울시가 주관하는 다문화 가족 지원센터에서 500명의 부모가 참여한 프로그램이 성공적으로 운영되었으며, 정신 건강 지원 프로그램을 강화하여 다문화 가정의 자녀들이 정서적 어려움을 겪지 않도록 해야 한다.

또한, 지역 사회와의 협력을 통해 다문화 정책을 실질적으로 실행하고, 다문화 가정이 지역 사회에 통합될 수 있도록 해야 한다. 지역 사회 내 다문화 가정과 주민들이 서로 소통하고 협력할 수 있는 네트워크를 구축하여, 다문화 가정이 지역 사회에 통합되고 주민들이 다문화 가정에 대한 이해를 높일 수 있다. 이러한 정책적 노력은 한국 사회가 다문화 사회로 나아가는 데 기여할 것이며, 모든 시민이 서로를 존중하고 이해하는 사회를 만드는 데 필수적이다.

결국, 한국의 다문화 정책은 지속적으로 개선되어야 하며, 모든 구성원이 조화롭게 공존할 수 있는 사회를 위한 체계적인 접근이 필요하다. 이를 통해 다문화 가정이 한국 사회의 중요한 구성원으로 자리잡고, 이들이 가진 잠재력을 최대한 발휘할 수 있는 환경을 조성해야 하며, 한국 사회가 진정한 다문화 사회로 나아갈 수 있도록 해야 한다. 이를 위해 정부는 다문화 정책의 효과성을 지속적으로 모니터링하고 평가하는 체계를 구축해야 한다. 정책이 실제로 다문화 가정과 외국인 노동자에게 긍정적인 영향을 미치는지를 파악하고, 필요시 정책을 조정하여 실효성을 높이는 것이 중요하다. 이를 통해 다문화 정책이 단순한 형식적 조치에 그치지 않고, 실제로 사회 통합을 이루는 데 기여하도록 해야 한다. 또한, 다문화 정책의 성공적인 실행을 위해서는 교육과 홍보 활동이 병행되어야 한다. 다문화 사회에 대한 이해를 높이고, 긍정적인 인식을 확산시키기 위한 다양한 캠페인을 실시해야 한다. 이를 통해 일반 시민들도 다문화 가정과 외국인에 대한 편견을 줄이고, 서로 존중하는 문화를 구축할 수 있도록 해야 한다.

예를 들어, 다문화 가정의 성공 사례를 소개하는 미디어 캠페인이나 지역 사회에서의 문화 체험 행사는 시민들이 다문화 사회에 대한 이해를 높이는 데 기여할 수 있다. 특히, 청소년을 대상으로 한 교육 프로그램 개발도 필요하다. 학교에서의 다문화 교육을 강화하여 학생들이 어릴 때부터 다양한 문화에 대한 존중과 이해를 배우도록 하는 것이 중요하다. 다문화 가정의 자녀들이 학교에서 차별받지 않고, 동료들과 긍정적인 관계를 형성할 수 있도록 지원하는 프로그램이 필요하다. 이를 통해 차세대가 다문화 사회의 주역으로 성장할 수 있도록 하는 것이 궁극적인 목표이다.

동시에 다문화 가정의 부모들에게도 교육 기회를 제공하여 그들이 자녀 교육에 적극적으로 참여할 수 있도록 해야 한다. 부모들이 한국 사회의 문화와 교육 시스템에 대한 이해를 높이면, 자녀들이 학교에서 겪는 어려움을 보다 효과적으로 지원할 수 있을 것이다. 이를 위해 부모 교육 프로그램을 정기적으로 운영하고, 자녀 교육에 대한 정보를 제공하는 것이 필요하다.

마지막으로, 다문화 정책은 정부의 노력만으로는 한계가 있음을 인식해야 한다. 지역 사회와 시민들이 함께 참여하여 다문화 가정과 외국인에 대한 포용적인 환경을 조성하는 것이 중요하다. 이를 위해 지역 주민들이 자발적으로 다문화 가정을 지원하고, 이들과의 소통을 통해 서로의 문화를 이해하는 기회를 만들어야 한다. 이러한 노력은 다문화 사회의 안정성과 지속 가능성을 높이는 데 기여할 것이다. 한국의 다문화 정책은 앞으로도 지속적으로 수정하고 개선해야 하며, 법적 보호, 교육, 지역 사회의 협력 등 다양한 측면에서의 개선이 필요하다. 다문화 가정과 외국인들이 한국 사회에서 안정적으로 정착하고, 이들이 가진 잠재력을 최대한 발휘할 수 있는 환경을 조성하는 것이 우리 모두의 책임이다. 이를 통해 한국 사회는 진정한 다문화 사회로 나아가고, 모든 구성원이 존중받고 함께 성장할 수 있는 포용적인 사회를 만들어 나가야 한다. 이러한 변화는 한국의 지속 가능한 발전을 위한 필수적인 요소가 될 것이며, 다문화 사회의 가치를 높이는 데 기여할 것이다.

이러한 다문화 정책의 발전을 위해서는 구체적인 실행 방안과 함께 정책의 지속적인 평가와 개선이 필수적이다. 먼저, 다문화 정책의 실행에 있어 명확한 목표와 기준을 설정해야 한다. 이는 정책이 실제로 다문화 가정과 외국인 노동자에게 긍정적인 영향을 미치는지 여부를 판단할 수 있는 기초가 된다. 정부는 정기적으로 다문화 정책의 효과성을 평가하고, 이를 기반으로 정책을 조정하는 체계를 마련해야 한다. 이러한 평가에는 다문화 가정과 외국인 노동자들의 의견을 반영하여, 그들의 필요와 요구에 맞춘 정책 개선이 이루어질 수 있도록 해야 한다.

또한, 지역 사회의 참여를 유도하는 것도 중요한 요소이다. 다문화 가정과 외국인 노동자들이 지역 사회의 일원으로서 통합될 수 있도록 하기 위해서는 지역 주민들의 인식 변화가 필요하다. 이를 위해 지역 사회 내에서 다문화 관련 교육 및 워크숍을 정기적으로 개최하여 주민들이 다문화 사회의 의미와 가치에 대해 이해할 수 있도록 해야 한다. 이러한 교육은 다문화 가정과 외국인 노동자들의 삶의 질을 향상시키고, 이들이 사회에 긍정적으로 기여할 수 있는 환경을 조성하는 데 기여할 것이다.

다문화 정책의 성공적인 실행을 위해서는 교육 기관의 역할도 매우 중요하다. 학교는 다문화 교육을 통해 학생들이 다양한 문화적 배경을 가진 동료들과의 관계를 형성할 수 있도록 지원해야 한다. 이를 위해 다문화 교육 커리큘럼을 강화하고, 문화 체험 프로그램을 운영하여 학생들이 서로의 문화를 이해하고 존중하는 기회를 제공해야 한다. 이러한 프로그램은 학생들이 다문화 가정의 친구들과 긍정적인 관계를 형성하는 데 도움을 줄 수 있으며, 차별 없는 교육 환경을 조성하는 데 기여할 것이다. 또한, 학교에서의 멘토링 프로그램은 다문화 가정 학생들에게 큰 도움이 될 수 있다. 멘토링 프로그램을 통해 선배 학생들이 다문화 가정 학생들에게 학교 생활에 대한 조언과 지원을 제공함으로써, 이들이 학교에 잘 적응하고 사회적 관계를 형성하는 데 긍정적인 영향을 미칠 수 있다. 이러한 멘토링은 다문화 가정 학생들이 자신감을 갖고 학교 생활에 참여하도록 도와줄 수 있으며, 이들의 학업 성취도를 높이는 데 기여할 것이다.

다문화 정책은 또한 사회적 캠페인과 홍보 활동을 통해 대중의 인식을 변화시킬 필요가 있다. 다양한 매체를 통해 다문화 가정의 긍정적인 사례를 소개하고, 차별을 방지하는 메시지를 전달함으로써 일반 시민들이 다문화 사회에 대한 긍정적인 인식을 가질 수 있도록 해야 한다. 이러한 캠페인은 다문화 가정의 자녀들이 학교와 지역 사회에서 겪는 어려움을 줄이는 데도 기여할 것이다. 정신 건강 지원 프로그램의 강화도 필요하다. 다문화 가정의 자녀들은 문화적 적응과 사회적 통합 과정에서 정서적 어려움을 겪는 경우가 많다. 이를 해결하기 위해 학교 내에서 전문 상담사를 배치하여 다문화 가정 학생들이 언제든지 상담을 받을 수 있도록 시스템을 구축해야 한다. 2023년 조사에서는 외국인 노동자의 65%가 정신적 지원이 필요하다고 응답했으며, 그들은 직장에서의 스트레스와 문화적 적응 문제 등으로 인해 심리적 어려움을 겪고 있다. 이를 해결하기 위한 상담 서비스는 다문화 가정 학생들이 정서적 안정을 찾는 데 큰 도움이 될 것이다. 그리고 정부는 다문화 가정을 위한 법적 보호를 더욱 강화해야 한다. 차별 금지법 제정을 통해 외국인과 다문화 가정에 대한 차별을 명확히 금지하고, 이를 위반할 경우 엄중한 처벌이 이루어질 수 있도록 해야 한다. 2022년 한국인권위원회의 조사에 따르면, 55%의 외국인 노동자가 차별적인 대우를 경험했다고 응답했으며, 이러한 법적 장치는 외국인들이 차별로부터 보호받을 수 있는 기초적인 장치를 마련하는 데 기여할 것이다. 아울러 다문화 사회의 성공적인 구축을 위해서는 정부와 사회 전체가 협력하는 것이 필수적이다. 정부는 다문화 정책을 수립하고 지원하는 역할을 하며, 지역 사회와 시민들은 이를 실천하는 주체가 되어야 한다. 모든 구성원이 함께 참여하고 협력하여 다문화 사회의 가치를 이해하고 존중하는 문화를 만들어 나가야 할 것이다. 이를 통해 한국은 진정한 다문화 사회로 나아갈 수 있으며, 모든 시민이 존중받고 함께 성장하는 포용적인 사회를 구축할 수 있을 것이다.

다시 말하면, 한국의 다문화 정책은 앞으로 모든 구성원이 조화롭게 공존할 수 있는 사회를 위한 체계적인 접근이 필요하다. 다문화 가정과 외국인들이 한국 사회에서 안정적으로 정착하고, 이들이 가진 잠재력을 최대한 발휘할 수 있는 환경을 조성하는 것이 우리의 책임이다. 이를 통해 한국 사회는 진정한 다문화 사회로 나아가고, 모든 구성원이 존중받고 함께 성장할 수 있는 포용적인 사회를 만들어 나가야 한다. 이러한 변화는 한국의 지속 가능한 발전을 위한 필수적인 요소가 될 것이며, 다문화 사회의 가치를 높이는 데 기여할 것이다. 다문화 정책의 발전을 위해서는 국제적인 협력과 경험 공유가 중요한 역할을 할 수 있다. 다른 국가들이 시행하고 있는 성공적인 다문화 정책과 프로그램을 연구하고, 이를 기반으로 한국의 상황에 맞는 정책을 개발해야 한다. 예를 들어, 유럽의 여러 국가들은 다문화 사회의 통합을 위해 다양한 프로그램을 운영하고 있으며, 이들 국가의 사례를 분석함으로써 한국의 정책 개선에 필요한 인사이트를 얻을 수 있다. 특히, 프랑스와 같은 다문화 사회의 사례에서 배울 점은 매우 많다. 프랑스는 외국인 노동자와 이민자에 대한 법적 보호와 권리 보장에 중점을 두고, 사회 통합 프로그램을 운영하여 언어 교육, 직업 훈련, 문화 교류 등을 통해 이들이 프랑스 사회에 잘 적응할 수 있도록 지원하고 있다. 한국은 이러한 프로그램을 벤치마킹하여, 외국인과 다문화 가정이 한국 사회에 원활하게 통합될 수 있는 다양한 프로그램을 개발할 수 있다.

또한, 다문화 정책의 실행에 있어 데이터 기반 접근 방식이 필요하다. 정부는 다문화 가정과 외국인 노동자의 현황을 지속적으로 모니터링하고, 이를 바탕으로 정책을 조정해 나가야 한다. 예를 들어, 다문화 가정 학생들이 학교에서 겪는 문제를 정기적으로 조사하고, 이들에 대한 지원 방안을 마련하는 것이 중요하다. 이를 통해 정책의 효과성을 높이고, 필요한 경우 신속하게 대응할 수 있는 체계를 구축할 수 있다.

다문화 가정과 외국인 노동자에 대한 지원은 단순히 정책적 차원에 그치지 않고, 사회 전반적인 변화로 이어져야 한다. 지역 사회 내에서 다문화 가정을 지원하는 다양한 자원봉사 프로그램이나 문화 교류 행사를 통해 주민들이 서로의 문화를 이해하고 존중하는 기회를 제공해야 한다. 이를 통해 지역 주민들이 다문화 사회에 대한 긍정적인 인식을 가질 수 있도록 하는 것이 필요하다. 그리고 다문화 교육을 정규 교육 과정에 포함시키는 것이 중요하다. 초등학교와 중학교에서 다문화 교육을 필수 과목으로 지정하고, 다양한 문화적 배경을 가진 학생들의 이야기를 중심으로 한 교육 자료를 개발해야 한다. 이를 통해 학생들은 어릴 때부터 다양한 문화를 이해하고 존중하는 태도를 기를 수 있으며, 이는 향후 사회적 통합에 기여할 것이다. 그 외에도, 다문화 가정의 부모들에게 한국 사회에 대한 이해를 높이는 프로그램을 제공하여, 그들이 자녀 교육에 적극적으로 참여할 수 있도록 지원해야 한다. 부모 교육 프로그램을 통해 다문화 가정 부모들이 한국의 교육 시스템과 문화에 대한 정보를 제공받을 수 있도록 하여,

자녀들이 학교에서 겪는 어려움을 보다 효과적으로 지원할 수 있게 해야 한다.

결국, 한국의 다문화 정책은 지속적으로 발전해 나가야 하며, 모든 이해관계자가 함께 참여하는 체계적인 접근이 필요하다. 정부는 법적 보호와 정책 지원을 강화하고, 지역 사회는 다문화 가정과 외국인 노동자에 대한 이해와 존중을 바탕으로 긍정적인 환경을 조성해야 한다. 이를 통해 한국 사회는 다문화 사회로서의 정체성을 확립하고, 모든 구성원이 존중받고 함께 성장할 수 있는 포용적인 사회를 만들어 나가야 한다. 이러한 변화는 한국의 지속 가능한 발전을 위한 필수적인 요소가 될 것이며, 다문화 사회의 가치를 높이는 데 기여할 것이다. 한국 사회가 다문화 사회로 나아가기 위해서는 외국인에 대한 포용성과 이해가 필수적이며, 이를 위한 정책적 노력이 지속적으로 이루어져야 한다. 다문화 가정과 외국인들이 한국 사회의 중요한 구성원으로 자리 잡고, 이들이 가진 잠재력을 최대한 발휘할 수 있는 환경을 조성하는 것이 우리의 책임이다.

따라서, 다문화 정책의 성공적인 실행은 한국 사회의 미래에 중요한 영향을 미치며, 이는 단순히 다문화 가정과 외국인 노동자 개인의 삶의 질 향상뿐만 아니라, 전체 사회의 통합과 발전에도 기여할 것이다. 다문화 사회의 조화로운 발전을 위해서는 현재의 정책을 지속적으로 평가하고 개선하며, 사회 구성원 모두가 함께 협력하여 나아가야 할 것이다. 이러한 노력은 결국 한국을 더욱 풍요롭고 다양성 있는 사회로 발전시키는 중요한 계기가 될 것이다.

4.3 프랑스 사례를 통한 교훈과 제언

프랑스의 외국인 정책은 다문화 사회의 성공적인 모델로 자주 인용되며, 이를 통해 한국의 외국인 정책 개선을 위한 교훈을 제공할 수 있다. 프랑스와 한국은 외국인 정책 운영 방식에서 중앙정부와 지방정부 간의 역할 분담이 다르다. 프랑스 정부는 외국인 정책에 대한 전반적인 법적 틀과 지침을 설정하고, 이를 통해 이민자와 외국인 노동자의 권리를 보호하며 사회 통합을 지원하는 법률과 정책을 마련한다. 예를 들어, 프랑스의 '이민 및 통합법'은 외국인에 대한 권리와 의무를 명확히 하고 사회적 통합을 위한 프로그램 운영의 법적 근거를 제공한다. 2022년에는 약 400,000명의 외국인이 프랑스에 새로 이민하였고, 이들은 다양한 사회 통합 프로그램에 참여하게 된다. 반면, 프랑스의 지방정부는 중앙정부의 정책을 바탕으로 지역 사회의 특성에 맞는 맞춤형 프로그램을 운영하며, 대도시에서는 외국인 노동자와 이민자를 위한 언어 교육, 직업 훈련 및 문화 교류 행사 등을 개최한다. 예를 들어, 2022년 파리시는 외국인 이민자를 위한 문화 통합 프로그램에 500만 유로의 예산을 편성하여 다양한 문화적 배경을 가진 이들의 참여를 유도하였다.

한국 정부는 외국인 정책을 수립하고 이민자 및 외국인 노동자에 대한 법률을 제정한다. 예를 들어, '외국인 근로자 고용허가제'와 같은 제도를 통해 외국인 노동자의 유입을 관리하지만, 이 정책은 종종 현장의 목소리와 괴리가 있어 실행 과정에서 어려움이 발생한다.

2023년 기준, 외국인 근로자의 30%가 법적 보호를 받지 못한다고 응답하였으며, 이는 정책의 실효성이 부족함을 나타낸다. 한국의 지방정부는 중앙정부의 정책을 바탕으로 다양한 프로그램을 운영하지만 자원과 예산의 한계로 인해 정책 실행력이 떨어지는 경우가 많다. 예를 들어, 서울시는 외국인 노동자를 위한 한국어 교육 프로그램을 운영하고 있지만 예산 부족으로 참여 인원이 제한되는 경우가 많고, 2023년 서울시의 외국인 노동자 관련 예산은 전체 예산의 0.5%에 불과하다는 보고가 있다. 이는 외국인 노동자 지원 정책이 충분히 실행되지 못하고 있음을 보여준다.

프랑스와 한국은 다문화 사회를 지향하며 외국인 이민자와 노동자의 통합을 위한 정책을 마련하고 있다. 양국 모두 외국인의 권리를 보호하고 사회적 통합을 촉진하기 위한 다양한 프로그램을 운영하고 있다. 예를 들어, 프랑스의 사회 통합 프로그램과 한국의 다문화 교육 프로그램은 외국인들이 현지 문화에 적응하고 사회적 관계를 형성하는 데 도움을 준다. 두 나라는 외국인 노동자에 대한 법적 보호를 강화하려는 노력을 하고 있으며, 프랑스는 외국인 노동자에게 동일한 근로 조건을 보장하는 법률을 시행하고, 한국도 '근로기준법'을 통해 외국인 노동자의 권리를 보호하고자 한다. 그러나 2022년 조사에 따르면 한국의 외국인 노동자 중 40%가 법적 보호를 제대로 받지 못한다고 응답하였다.

양국의 정책적 차이점으로는 중앙정부와 지방정부의 역할이 있다. 프랑스는 중앙정부가 외국인 정책의 법적 틀을 제공하고 지방정부가 이를 실행하는 구조를 갖고 있는 반면, 한국은 중앙정부의 정책이 지방정부에 의해 실행되지만, 지방정부의 자원 부족으로 인해 정책의 실효성이 떨어지는 경우가 많다. 2022년 조사에 따르면 한국의 지방정부는 외국인 정책 관련 예산을 평균 30% 이상 줄였다는 결과가 나왔다. 또한 프랑스는 다양한 문화적 배경을 가진 외국인들이 사회에 통합될 수 있도록 여러 프로그램을 운영하지만, 한국은 상대적으로 통합 프로그램이 부족하며 특히 외국인 노동자에 대한 지원이 미비하다. 2023년 서울시의 외국인 노동자 관련 프로그램은 연간 100회에 불과하고 참여자는 평균 50명으로 제한되어 있다. 이는 외국인들이 충분한 지원을 받지 못하고 있음을 보여준다.

프랑스의 사례를 통해 한국은 지방정부의 역할을 강화하고, 외국인 이민자와 노동자를 위한 다양한 사회 통합 프로그램을 개발해야 한다. 중앙정부와 지방정부 간의 정책 일관성을 유지하는 것이 중요하며, 이를 위해 정책 수립 시 현장의 목소리를 반영하고 외국인 노동자 및 이민자들의 의견을 수렴하는 체계를 마련해야 한다. 2022년 한국의 외국인 정책 관련 보고서에 따르면 외국인 노동자의 65%가 정책 결정 과정에서 자신들의 의견이 반영되지 않았다고 응답하였다. 정책 개선을 위해 한국은 외국인 정책을 통합적으로 관리할 수 있는 플랫폼을 구축하고, 정기적인 정책 평가 및 피드백 시스템을 마련해야 한다. 지방정부가 외국인 정책을 효과적으로 실행할 수 있도록 예산을 증대시키고, 지역 사회의 민간 단체와 협력하여 외국인 지원 프로그램을 운영해야 한다. 또한 외국인 이민자와 노동자들을 위한 다양한 사회 통합 프로그램을 개발하여 이들이 한국 사회에 잘 적응할 수 있도록 지원해야 한다. 결론적으로, 한국이 다문화 사회로 성공적으로 전환하기 위해서는 포용적이고 통합적인 다문화 정책이 필요하며, 법적 보호를 강화하고 교육 및 사회 통합 프로그램을 운영하며 긍정적인 사회적 인식을 확산시키기 위한 노력이 필수적이다. 프랑스의 사례에서 배울 점과 주의점을 고려하여 한국의 다문화 정책을 더욱 효과적이고 포용적인 방향으로 발전시켜야 한다. 데이터 기반 정책 수립과 지속 가능한 자원 확보, 지역 사회의 참여와 협력이 뒷받침될 때, 한국은 진정한 다문화 사회로 나아갈 수 있을 것이다. 이러한 방향성과 실행 방안이 실현될 때, 한국은 다양한 문화가 공존하고 조화롭게 살아갈 수 있는 사회를 구축할 수 있으며, 다문화 사회의 성공적인 전환은 한국 사회 전체의 발전과 다양성을 증진시키는 중요한 기회가 될 것이다.

또한, 다문화 사회로의 성공적인 전환을 위해서는 정책의 지속적인 모니터링과 평가가 필수적이다. 이를 통해 정책의 시행 과정에서 나타나는 문제점을 신속하게 파악하고, 적절한 개선 조치를 취할 수 있어야 한다. 예를 들어, 외국인 이민자와 노동자들의 요구와 의견을 반영하는 정기적인 설문조사를 실시하고, 그 결과를 바탕으로 정책을 조정하는 체계를 마련하는 것이 중요하다. 이러한 데이터 기반 접근 방식은 정책의 실효성을 높이는 데 기여할 것이다. 다문화 정책의 지속 가능성을 확보하기 위해서는 다양한 이해관계자 간의 협력도 중요하다. 정부, 지방자치단체, 비정부기구(NGO), 기업, 그리고 지역 사회가 함께 참여하여 다문화 정책을 개발하고 실행해야 한다. 예를 들어, 지역 사회의 민간 단체와 협력하여 외국인 이민자 및 다문화 가정을 위한 지원 프로그램을 공동으로 운영함으로써, 자원을 효율적으로 활용하고 보다 효과적인 지원을 제공할 수 있다. 이러한 협력은 외국인들이 지역 사회에 잘 통합될 수 있도록 도와줄 뿐만 아니라, 지역 주민들의 인식 변화에도 긍정적인 영향을 미칠 것이다. 동시에 다문화 가정의 자녀들에 대한 특별한 지원이 필요하다. 이들은 학교에서 다양한 어려움을 겪을 수 있으므로, 학교 차원에서 이들의 정서적 안정과 학업 성취를 지원하기 위한 프로그램을 운영해야 한다. 예를 들어, 멘토링 프로그램을 통해 선배 학생들이 다문화 가정 자녀들에게 학습 지원과 정서적 지지를 제공할 수 있도록 해야 한다. 이러한 프로그램은 다문화 가정의 자녀들이 학교 생활에 잘 적응하고, 긍정적인 사회적 관계를 형성하는 데 기여할 것이다. 아울러 다문화 사회로의 전환은 단순히 정책적 차원에 그치는 것이 아니라, 사회 전반의 인식 변화와 문화적 수용성을 요구한다. 한국 사회는 다양한 문화적 배경을 가진 사람들을 존중하고, 이들과의 소통을 통해 서로의 문화를 이해하는 노력을 지속해야 한다. 이를 위해 언론과 미디어의 역할도 중요하다. 긍정적인 다문화 사례를 널리 알리고, 차별적 시각을 줄이는 콘텐츠를 생산함으로써 대중의 인식을 변화시킬 수 있다.

결과적으로, 한국이 다문화 사회로 성공적으로 전환하기 위해서는 포괄적이고 체계적인 다문화 정책 수립이 필수적이다. 이는 법적 보호 강화, 교육 및 사회 통합 프로그램 운영, 지역 사회의 적극적인 참여 및 협력, 지속적인 데이터 기반 정책 수립, 그리고 문화적 수용성을 높이는 노력을 포함해야 한다. 프랑스의 사례에서 배울 점과 주의점을 고려하여, 한국은 외국인과 다문화 가정이 사회의 중요한 구성원으로 자리 잡고, 이들이 가진 잠재력을 최대한 발휘할 수 있는 환경을 조성해야 한다. 이러한 방향성과 실행 방안이 실현될 때, 한국은 다양한 문화가 공존하고 조화롭게 살아갈 수 있는 사회를 구축할 수 있을 것이며, 다문화 사회의 성공적인 전환은 한국 사회 전체의 발전과 다양성을 증진시키는 중요한 기회가 될 것이다. 한국은 다문화 사회로 나아가기 위한 지속적인 노력을 기울여야 하며, 이를 통해 모든 시민이 존중받고 함께 성장할 수 있는 포용적인 사회를 실현할 수 있을 것이다.

다문화 사회로의 성공적인 전환을 위한 추가적인 방안으로는, 외국인 이민자와 다문화 가정의 경제적 자립을 지원하는 프로그램을 강화하는 것이 있다. 이들은 종종 경제적 어려움에 직면하게 되며, 안정적인 직업을 얻기 위한 교육과 훈련이 필요하다. 따라서 정부는 외국인 노동자와 다문화 가정의 경제적 자립을 위한 직업 훈련 프로그램을 확대하고, 이들이 한국 노동 시장에 효과적으로 진입할 수 있는 기회를 제공해야 한다. 예를 들어, 외국인 노동자를 위한 직업 훈련과 한국어 교육을 결합한 프로그램을 개발하여, 이들이 필요한 기술을 습득하고 일자리를 확보할 수 있도록 지원할 수 있다. 그리고 다문화 가정의 부모들에게도 교육 기회를 제공하여, 그들이 자녀의 교육에 적극적으로 참여할 수 있도록 해야 한다. 부모 교육 프로그램을 통해 다문화 가정의 부모들이 한국의 교육 시스템과 문화에 대한 정보를 제공받고, 자녀의 학습을 지원하는 방법을 배우도록 해야 한다. 이는 자녀들이 학교에서 겪는 어려움을 보다 효과적으로 해결할 수 있도록 도와줄 것이다.

사회적 통합을 위한 커뮤니티 기반 프로그램도 중요하다. 지역 사회 내에서 외국인 이민자와 주민들이 함께 참여할 수 있는 프로그램을 운영하여 서로의 문화를 이해하고 존중하는 기회를 제공해야 한다. 이러한 프로그램은 지역 주민들이 외국인 이민자와의 관계를 형성하고, 이들이 지역 사회의 일원으로 통합될 수 있도록 돕는 중요한 역할을 할 것이다. 예를 들어, 지역 주민과 외국인 이민자들이 함께 음식을 나누고, 전통 음악과 춤을 공유하는 문화 교류 행사를 개최할 수 있다. 이를 통해 서로의 문화적 배경을 이해하고, 공동체의 연대감을 강화할 수 있다. 또한 다문화 정책의 효과성을 높이기 위해서는 정책 결정 과정에서 외국인과 다문화 가정의 목소리를 반영하는 체계를 마련해야 한다. 정책 수립 시 현장의 목소리를 청취하고, 외국인 노동자와 이민자들의 의견을 수렴하여 정책의 실효성을 높이는 것이 중요하다. 이를 위해 외국인 정책에 대한 자문 기구를 설립하여, 다양한 문화적 배경을 가진 사람들이 정책 결정에 참여할 수 있도록 해야 한다.

마지막으로, 다문화 사회로의 성공적인 전환은 모든 시민의 참여와 협력을 필요로 한다. 정부, 지방자치단체, 민간 부문, 그리고 시민들이 함께 협력하여 다문화 사회의 가치와 필요성을 인식하고, 이를 실현하기 위한 노력을 지속해야 한다. 이를 통해 한국 사회는 진정한 다문화 사회로 나아갈 수 있으며, 모든 구성원이 존중받고 함께 성장할 수 있는 포용적인 환경을 만들어 나갈 수 있을 것이다. 이런 점에서 한국이 다문화 사회로 성공적으로 전환하기 위해서는 법적 보호, 교육, 경제적 자립 지원, 그리고 사회적 통합을 위한 다양한 프로그램이 필요하다. 프랑스의 사례에서 배운 점과 주의점을 고려하여, 한국은 외국인과 다문화 가정이 사회의 중요한 구성원으로 자리 잡을 수 있도록 해야 한다. 이러한 노력이 결실을 맺을 때, 한국 사회는 다양한 문화가 공존하고 조화롭게 살아갈 수 있는 사회로 발전할 것이며, 이는 궁극적으로 한국 사회 전체의 발전과 다양성을 증진시키는 중요한 기회가 될 것이다.

5 다빈치형 인재 양성을 위한 다문화적 접근

다빈치형 인재는 과학, 예술, 기술 등 다양한 분야에서 융합적 사고와 창의적 문제 해결 능력을 갖춘 인재를 의미하며, 이러한 인재 양성을 위해서는 다문화적 접근이 필수적이다. 이러한 다빈치형 인재의 정의와 필요성, 그리고 문화적 다양성을 활용한 인재 양성의 중요성은 다음과 같다.

5.1 다빈치형 인재의 정의와 필요성

글머리에서 언급했듯이 다빈치형 인재는 르네상스 시대의 대표적 인물인 레오나르도 다빈치에서 유래한 개념으로, 여러 분야에서 전문성을 갖추고 창의적이며 융합적인 사고를 통해 문제를 해결할 수 있는 사람을 의미한다. 이들은 융합적 사고와 창의적 문제 해결 능력을 갖추고 있으며, 서로 다른 분야의 지식을 통합하여 새로운 아이디어를 창출할 수 있는 능력이 있다. 예를 들어, 공학적 원리를 바탕으로 예술적 감각을 발휘하거나 과학과 인문학을 결합하여 혁신적인 솔루션을 제시할 수 있다. 2022년 한국과학기술정보연구원(KISTI)의 조사에 따르면, 융합적 사고를 갖춘 인재가 문제 해결에서 40% 더 효과적이라는 결과가 나타났다. 이들은 복잡한 문제를 해결하기 위해 창의적인 접근 방식을 사용하며, 기존의 틀을 벗어난 사고를 통해 새로운 해결책을 모색한다. 2023년 서울대학교의 연구에 따르면, 창의적 문제 해결 능력이 뛰어난 인재는 기업의 혁신성과를 25% 향상시킨다고 보고되었다.

현대 사회는 급변하는 환경과 복잡한 문제로 가득 차 있으며, 이러한 상황에서 다빈치형 인재의 융합적 사고와 창의적 문제 해결 능력은 매우 중요하다. 오늘날 문제는 단순한 해결책으로는 해결할 수 없는 경우가 많고, 예를 들어 기후 변화, 사회적 불평등, 팬데믹과 같은 문제는 여러 분야의 지식과 협력이 필요하다. 다빈치형 인재는 이러한 복합적인 문제를 해결하기 위해 다양한 관점에서 접근할 수 있는 능력을 보유하고 있다. 2022년 한국환경정책평가연구원의 보고서에 따르면, 기후 변화 문제를 해결하기 위한 다학제적 접근이 30% 더 효과적이라는 분석이 있다. 기업과 사회는 지속적인 혁신을 요구하며, 다빈치형 인재는 새로운 아이디어와 기술을 개발하고 이를 통해 경쟁력을 강화할 수 있다. 2023년 한국 기업의 조사에 따르면, 창의적 문제 해결 능력을 갖춘 인재가 기업의 혁신성과를 25% 향상시킨다는 결과가 나타났다. 이들은 변화하는 시장 환경에 빠르게 적응할 수 있는 능력을 갖추고 있다. 글로벌화가 진행됨에 따라 다양한 문화와 배경을 가진 사람들과의 협력이 필수적이며, 다빈치형 인재는 다양한 문화적 경험을 통해 글로벌 환경에 적응하고 국제적인 문제를 해결하는 데 기여할 수 있다. 2023년 글로벌 인재 조사에 따르면, 다양한 문화적 배경을 가진 인재들이 팀의 성과를 40% 향상시킨다고 응답하였다.

다빈치형 인재를 양성하기 위해서는 문화적 다양성을 활용하는 접근이 중요하다. 다양한 문화적 배경을 가진 사람들은 각기 다른 시각과 경험을 가지고 있으며, 이러한 다양성은 문제를 바라보는 새로운 관점을 제공하고 창의적인 아이디어를 생성하는 데 기여한다. 예를 들어, 다문화 환경에서 성장한 학생들은 이러한 다양한 문화적 관점으로 문제를 바라보고 혁신적인 아이디어를 도출할 수 있다. 2022년 한국교육개발원의 조사에 따르면, 다문화 환경에서 교육을 받은 학생들은 창의적 사고에서 35% 더 높은 점수를 기록하였다. 문화적 다양성을 경험한 인재들은 다양한 사람들과 효과적으로 협력할 수 있는 능력을 갖추게 되며, 이는 팀워크와 커뮤니케이션 능력을 높이는 데 기여한다. 2022년 조사에 따르면, 다양한 문화적 배경을 가진 팀에서의 협업이 창의적 결과물을 30% 증가시킨다고 응답한 바 있다. 이러한 결과는 기업의 성과 향상에도 긍정적인 영향을 미칠 것이다. 또한, 다양한 문화를 이해하고 존중하는 과정에서 인재들은 사회적 책임감과 윤리적 가치관을 발전시킬 수 있으며, 이는 문제 해결 과정에서 사회적 영향을 고려하는 데 기여한다. 2023년 서울시의 다문화 관련 연구에서는 외국인과의 협력 경험이 있는 청년들이 사회적 책임감을 느끼는 비율이 60%에 달한다고 응답하였다.

다빈치형 인재를 양성하기 위해 다문화적 접근을 반영한 교육 프로그램 개발이 필요하다. 이러한 프로그램은 학생들이 다양한 문화적 배경을 이해하고 융합적 사고를 기를 수 있도록 설계되어야 한다.

프로젝트 기반 학습(PBL)은 학생들이 실제 문제를 해결하기 위해 팀을 이루어 협력하는 방식으로, 이 과정에서 다양한 문화적 배경을 가진 학생들이 함께 작업함으로써 서로의 시각과 경험을 공유하게 된다. 예를 들어, 서울의 한 중학교에서는 다문화 학생들이 참여하는 환경 문제 해결 프로젝트를 진행하였다. 이 프로젝트에서는 학생들이 지역사회에서 발생하는 환경 문제를 조사하고 해결 방안을 모색하는 과정에서 다양한 문화적 관점을 반영하여 창의적인 아이디어를 도출하였다. 이 과정에서 학생들은 70% 이상이 문제 해결 능력이 향상되었다고 평가하였다.

프로젝트 기반 학습에서는 팀을 다양하게 구성하여 문화적 배경이 다른 학생들이 함께 협력하도록 해야 하며, 예를 들어 한 팀에 한국 학생, 외국인 학생, 그리고 다문화 가정 출신 학생이 포함되어 서로 다른 문화적 관점을 나누면서 문제를 해결하는 경험을 쌓게 된다. 이러한 다양한 팀 구성이 학생들의 창의적 사고를 촉진하고 문제 해결 능력을 향상시키는 데 기여할 수 있다. 다문화 교육을 위한 교재를 개발하여 학생들이 다양한 문화에 대한 이해를 높일 수 있도록 해야 하며, 예를 들어 한국의 역사와 문화, 외국의 역사와 문화를 비교하는 내용을 포함한 교재를 제작하여 학생들이 서로의 문화를 이해할 수 있는 기회를 제공해야 한다. 2023년 교육부의 조사에 따르면, 다문화 교육을 포함한 교재를 사용한 학생들의 문화 이해도가 40% 향상되었다고 응답하였다. 학생들이 직접 다양한 문화를 체험할 수 있는 프로그램을 운영해야 하며, 예를 들어 다문화 가정의 학생들이 자신의 문화를 소개하는 발표회를 개최하거나 각 문화의 전통 음식, 음악, 예술 등을 체험하는 기회를 제공해야 한다. 이러한 체험은 학생들이 서로의 문화를 존중하고 이해하는 데 큰 도움이 될 것이다. 교사들은 다문화 교육을 효과적으로 수행할 수 있도록 전문성을 강화해야 하며, 이를 위해 다문화 교육에 대한 연수를 정기적으로 실시하고 다문화 교육 관련 자료를 제공하여 교사들이 다양한 문화적 배경을 이해하고 수업에 반영할 수 있도록 해야 한다. 2022년 한국교육개발원의 조사에 따르면, 다문화 교육 연수를 받은 교사들은 학생들과의 소통 능력이 50% 향상되었다고 응답하였다. 교사들은 다양한 분야의 전문가와 협력하여 다문화적 접근을 반영한 수업을 설계해야 하며, 예를 들어 예술, 과학, 사회 등을 통합한 융합 교육을 통해 학생들이 다양한 시각에서 문제를 해결할 수 있도록 해야 한다. 이러한 협력적 접근은 학생들의 창의적 사고를 자극하고 다빈치형 인재로 성장하는 데 기여할 것이다. 서울의 한 국제학교에서는 매년 다문화 주간을 개최하여 학생들이 다양한 문화에 대한 이해를 높이도록 하고 있으며, 이 기간 동안 학생들은 각국의 전통 음식, 음악, 예술 등을 체험하고 다문화 가정의 학생들이 자신의 문화를 소개하는 시간을 갖는다. 2023년에는 약 1,500명의 학생들이 참여하였고, 이 프로그램에 참여한 학생들의 문화적 이해도가 80% 이상 향상되었다고 응답하였다. 부산의 한 초등학교는 다문화 가정의 학생들을 지원하기 위해 '문화 교류 프로그램'을 운영하고 있으며, 이 프로그램에서는 다문화 가정의 학생들이 자신의 문화에 대해 발표하고 다른 학생들과 소통을 통해 문화적 다양성을 이해할 수 있는 기회를 제공하고 있다. 2022년 프로그램에 참여한 학생들은 서로 다른 문화에 대한 이해가 75% 증가했다고 응답하였으며, 이로 인해 학생들 간의 우정과 협력이 증진되었다.

따라서 다빈치형 인재의 양성을 위해서는 다문화적 접근을 반영한 교육 프로그램이 필수적이다. 프로젝트 기반 학습, 다문화 교육 콘텐츠 개발, 교사 역량 강화를 통해 학생들이 다양한 문화적 경험을 쌓고 융합적 사고와 창의적 문제 해결 능력을 기를 수 있도록 해야 한다. 이러한 프로그램은 학생들이 서로 다른 배경과 관점을 이해하고 존중하는 데 기여함으로써, 다빈치형 인재로 성장할 수 있는 기반을 마련할 것이다. 다문화적 접근은 단순히 다양한 문화를 존중하는 것을 넘어, 학생들이 글로벌 사회에서 경쟁력을 갖춘 인재로 성장할 수 있도록 지원하는 중요한 역할을 할 것이다. 이와 같은 교육 프로그램은 학생들이 복잡한 문제를 해결하는 데 필요한 창의적이고 융합적인 사고를 배양하는 데 기여할 것이다.

한국이 다빈치형 인재를 양성하기 위해서는 이러한 방향성과 실행 방안을 실현하는 것이 필수적이다. 다문화적 접근을 통합한 교육 체계가 구축될 때, 한국은 미래 사회의 복잡한 문제를 해결할 수 있는 인재를 양성할 수 있을 것이다. 이는 한국이 글로벌 사회에서 긍정적인 역할을 수행하는 데 기여하며, 다문화 사회로의 전환을 원활하게 할 수 있는 기반이 될 것이다.

결국, 다양한 문화적 배경을 가진 학생들이 함께 학습하고 성장하는 환경을 조성함으로써, 한국은 진정한 다빈치형 인재를 양성할 수 있으며, 이는 궁극적으로 한국 사회 전체의 발전과 다양성을 증진시키는 중요한 기회가 될 것이다. 이러한 변화가 이루어질 때, 한국은 지속 가능한 발전을 위한 기반을 다지고, 글로벌 사회에서의 경쟁력을 강화할 수 있을 것이다. 따라서 다빈치형 인재 양성을 위한 다문화적 접근은 미래 사회를 대비하는 필수적인 전략으로 자리 잡아야 한다.

이러한 다빈치형 인재 양성을 위한 다문화적 접근은 한국 교육 시스템의 혁신과 지속 가능한 발전을 위한 핵심 요소로 자리 잡아야 한다. 이를 위해 다음과 같은 몇 가지 구체적인 전략을 고려해야 한다.

첫째, 학습 환경의 다양성을 증진시켜야 한다. 학생들이 다양한 문화적 배경을 가진 동료들과 교류할 수 있는 환경을 조성하는 것이 매우 중요하다. 이를 위해 다양한 문화적 행사나 축제를 개최하여 학생들이 서로의 문화를 경험하고 이해할 수 있는 기회를 제공해야 한다. 예를 들어, 다문화 주간 행사나 문화 체험 캠프를 통해 학생들이 서로 다른 문화적 배경을 가진 친구들과 함께 활동할 수 있도록 해야 한다. 이러한 경험은 학생들이 자연스럽게 문화적 다양성을 존중하고 수용하는 태도를 기르는 데 기여할 것이다. 또한, 다양한 문화적 배경을 가진 학생들이 함께 참여할 수 있는 예술 및 스포츠 프로그램을 운영하여 팀워크와 상호 존중의 가치를 배우게 할 수 있다.

둘째, 지역 사회와의 긴밀한 연계를 강화해야 한다. 학교와 지역 사회가 협력하여 다문화 교육 프로그램을 운영함으로써, 학생들이 지역 사회의 다양한 문화적 요소를 직접 경험할 수 있도록 해야 한다. 예를 들어, 지역 사회의 문화 행사에 학생들이 참여할 수 있도록 하고, 외국인 주민과의 교류 프로그램을 통해 실제적인 문화 체험을 할 수 있는 기회를 제공해야 한다. 이러한 연계는 학생들이 지역 사회에 대한 소속감을 느끼고, 다양한 문화적 배경을 이해하는 데 도움을 줄 것이다. 지역 주민들이 참여하는 멘토링 프로그램이나 공동 프로젝트를 통해 학생들은 실제 사회에서의 경험을 쌓고, 다양한 문화적 관점을 배울 수 있다.

셋째, 다문화 교육의 효과를 측정하고 평가하는 체계를 마련해야 한다. 교육 프로그램의 성과를 정기적으로 분석하고, 이를 바탕으로 지속적으로 개선해 나가는 것이 필요하다. 예를 들어, 학생들의 문화적 이해도와 문제 해결 능력을 평가할 수 있는 기준을 마련하고, 프로그램 종료 후에는 설문조사나 피드백 세션을 통해 학생들의 의견을 수렴하여 프로그램을 개선하는 데 반영해야 한다. 이러한 평가는 교육의 질을 높이는 데 필수적일 것이며, 학생들이 프로그램을 통해 어떤 변화를 경험했는지를 명확히 하는 데 도움을 줄 것이다. 또한, 교사와 학생 모두가 참여하는 반성의 기회를 제공하여, 프로그램의 개선점을 함께 논의하는 것도 의미 있는 과정이 될 것이다.

넷째, 다문화 교육의 필요성이 사회 전반에 인식될 수 있도록 홍보해야 한다. 교육 기관뿐만 아니라 기업, 정부, 시민 사회가 함께 협력하여 다문화 교육의 중요성을 알리고, 이를 통해 사회적 인식을 변화시킬 수 있는 캠페인을 실시해야 한다. 이러한 노력은 학생들이 다문화 사회에서 어떻게 기여할 수 있는지를 이해하는 데 도움을 줄 것이다. 예를 들어, 다문화 교육의 성공 사례를 미디어를 통해 널리 알리고, 다문화 교육을 통해 변화한 학생들의 이야기를 공유함으로써 긍정적인 이미지를 확산시킬 수 있다.

다섯째, 기업의 참여도 중요하다. 기업은 다빈치형 인재 양성을 위한 다문화 교육 프로그램에 참여하여, 인턴십 기회나 실제 프로젝트를 제공함으로써 학생들이 현장에서 직접 경험을 쌓을 수 있도록 지원해야 한다. 이러한 협력은 학생들에게 실질적인 경험을 제공할 뿐만 아니라, 기업에 필요한 인재를 조기에 발굴하고 육성하는 데 기여할 것이다. 또한, 기업이 다문화적 가치와 이해를 증진시키는 다양한 프로그램을 개발하고 운영함으로써, 학생들이 직업 세계에서의 다양성을 경험하고, 이를 통해 글로벌 감각을 키울 수 있도록 해야 한다.

여섯째, 글로벌 네트워크를 활용하여 다양한 문화적 경험을 제공하는 것도 필요하다. 국제 교류 프로그램이나 해외 연수 기회를 통해 학생들이 다양한 문화적 배경을 가진 사람들과 직접 소통하고 협력할 수 있는 기회를 마련해야 한다. 이러한 경험은 학생들이 글로벌 감각을 키우고, 다문화적 이해를 깊이 있게 할 수 있는 기회를 제공할 것이다. 예를 들어, 해외 파트너 학교와의 공동 프로젝트를 통해 학생들이 실제로 다른 문화에서 학습하고 협력하는 과정을 경험함으로써 글로벌 리더십을 발전시킬 수 있다.

마지막으로, 다문화적 접근을 통한 교육의 성과를 공유하고 확산시키는 것도 중요하다. 성공적인 사례를 연구하고 발표함으로써, 다른 교육 기관과 지역 사회가 이를 참고할 수 있도록 해야 한다. 이러한 정보 공유는 다문화 교육의 확산과 질적 향상을 도모하는 데 기여할 것이다. 또한, 다문화 교육을 운영하는 기관들 간의 네트워크를 구축하여 서로의 경험과 자원을 공유하고 협력할 수 있는 기반을 마련하는 것도 필요하다.

다빈치형 인재 양성을 위한 다문화적 접근은 한국의 교육 시스템과 사회 전반에 걸쳐 긍정적인 변화를 가져올 수 있는 필수적인 전략이다. 교육 정책, 기업 참여, 글로벌 네트워크 활용, 창의적 평가 방식, 성과 공유 등 다양한 측면에서의 노력이 결합될 때, 한국은 미래 사회의 복잡한 문제를 해결할 수 있는 창의적이고 융합적인 인재를 양성할 수 있을 것이다. 이러한 인재들은 한국 사회의 발전과 글로벌 경쟁력 강화에 기여하며, 궁극적으로 다문화 사회의 조화로운 발전을 이끄는 중요한 역할을 하게 될 것이다. 이러한 변화가 이루어질 때, 한국은 다문화적 가치와 이해를 존중하는 사회로 나아가고, 모든 시민이 서로의 차이를 인정하고 존중하는 포용적인 사회를 구축할 수 있을 것이다. 이는 한국 사회의 지속 가능성과 발전 가능성을 높이는 데 기여하며, 궁극적으로 다문화 사회에서의 긍정적인 변화를 이끌어내는 데 중요한 초석이 될 것이다.

5.2 초연결시대의 인재 양성을 위한 전략

초연결시대는 정보와 기술이 상호 연결되며 다양한 분야와 문화가 융합되는 시대를 의미한다. 이 시대에 인재를 양성하기 위해서는 창의성과 융합 능력을 강조하는 전략이 필요하다. 이에 창의성과 융합 능력의 중요성, 다양한 분야 간의 융합적 사고를 통한 문제 해결, 그리고 다문화적 관점이 창의성에 미치는 영향 등을 살펴보겠다.

초연결시대에서는 복잡하게 얽힌 다양한 문제를 해결하기 위해 여러 분야의 지식과 기술이 결합되어야 하며, 융합적 사고는 이러한 문제 해결의 핵심 요소로 작용한다. 융합적 사고란 서로 다른 분야의 지식과 기술을 통합하여 새로운 아이디어나 솔루션을 창출하는 과정을 의미하며, 이는 단순한 지식의 결합이 아닌 각 분야의 독창적인 요소를 조합하여 혁신적인 결과물을 만들어내는 과정이다. 예를 들어, 의료와 기술의 융합을 통해 개발된 원격 진료 시스템은 의사와 환자가 물리적으로 떨어져 있어도 진료를 받을 수 있는 혁신적인 방법이다. 2022년 한국의 한 의료기관에서 원격 진료 시스템을 도입한 결과, 환자 대기 시간이 30% 단축되었으며 의료 접근성이 향상되었다. 이 시스템은 특히 농촌 지역에서 의료 서비스의 질을 높이는 데 기여하고 있다.

산업계에서도 융합적 사고의 중요성이 증가하고 있다. 자동차 산업에서는 전통적인 기계 공학과 IT 기술의 융합을 통해 자율주행차와 같은 혁신적인 제품이 개발되고 있다. 2023년 현대자동차의 보고서에 따르면, 자율주행차 개발에 있어 IT와 자동차 기술의 융합이 40%의 기술적 진전을 이끌었다고 한다. 이러한 혁신은 자동차의 안전성을 높이고 교통 혼잡을 줄이는 데 기여하고 있다. 재생 가능 에너지원과 IT 기술의 융합도 주목할 만한 예이다. 스마트 그리드 기술은 전력망에 IT 기술을 적용하여 에너지 효율을 극대화하는 시스템으로, 2022년 한국전력공사의 보고서에 따르면 스마트 그리드를 도입한 결과 에너지 소비가 15% 감소하고 재생 에너지 사용이 25% 증가하였다. 이는 다양한 분야의 협력이 없이는 해결할 수 없는 복합적인 문제에 대한 좋은 예다.

창의성은 문제를 새로운 시각에서 바라보고 독창적인 해결책을 제시하는 능력이며, 다문화적 관점은 이러한 창의성을 증진시키는 중요한 요소로 작용한다. 다양한 문화적 배경을 가진 사람들은 서로 다른 경험과 시각을 보유하고 있으며, 이는 문제를 해결하는 데 있어 새로운 아이디어를 제시하는 데 기여한다. 2022년의 연구에 따르면, 다문화 팀에서의 협업이 창의적 결과물을 30% 증가시킨다고 나타났다. 이는 다문화적 관점이 창의성에 긍정적인 영향을 미친다는 것을 보여준다. 구글은 다양한 문화적 배경을 가진 인재들을 채용하여 창의적인 문제 해결을 도모하고 있으며, 구글의 연구에 따르면 다문화적 팀에서 일하는 직원들이 혁신적인 아이디어를 제안할 확률이 50% 더 높다고 한다. 이는 다양한 시각이 창의적 사고를 자극하고 독창적인 솔루션을 만드는 데 기여하는 것을 보여준다.

다문화적 관점은 사회적 문제를 해결하는 데도 중요한 역할을 한다. 기후 변화와 같은 글로벌 문제는 다양한 문화적 배경을 가진 사람들의 협력이 필요하다. 2023년 UN의 보고서에 따르면 다문화적 접근을 통해 기후 변화 문제를 해결하기 위한 혁신적인 아이디어가 25% 더 많이 도출되었다고 한다. 이는 다양한 배경을 가진 사람들이 협력함으로써 더 나은 해결책을 찾을 수 있음을 보여준다. 기업과 교육 기관은 이러한 다문화적 관점을 적극적으로 활용해야 하며, IBM은 글로벌 팀을 구성하여 다국적 프로젝트를 수행하고 이 과정에서 팀원들의 다양한 문화적 배경이 창의적인 아이디어를 생성하는 데 기여하고 있다. 2022년 IBM의 연구 결과에 따르면, 다문화 팀에서 일하는 직원들이 프로젝트의 성공률을 20% 더 높인 것으로 나타났다.

창의성과 융합 능력을 키우기 위해 교육 시스템에서의 혁신은 필수적이다. 학생들이 다양한 분야와 문화에서 지식을 통합할 수 있는 환경을 조성해야 한다. 이를 위한 몇 가지 구체적인 전략을 제안한다. 먼저, 과학, 기술, 공학, 수학(STEM) 교육과 인문학 교육을 통합하는 커리큘럼을 개발해야 한다. 'STEAM'(Science, Technology, Engineering, Arts, Mathematics) 교육 모델을 도입하여 학생들이 예술적 요소를 포함한 과학적 문제 해결을 할 수 있도록 해야 한다. 2023년 한국교육개발원의 조사에 따르면 STEAM 교육을 받은 학생들이 창의적 문제 해결 능력이 35% 향상되었다고 보고되었다.

프로젝트 기반 학습(PBL)을 통해 학생들이 실제 문제를 해결하기 위한 프로젝트에 참여하도록 하여 다양한 분야의 지식을 활용하는 경험을 제공해야 한다. 서울의 한 고등학교에서는 학생들이 지역 사회의 환경 문제를 조사하고 해결 방안을 제안하는 프로젝트를 진행하였으며, 이 과정에서 학생들은 과학적 원리, 사회적 맥락, 문화적 배경을 통합하여 문제를 해결하는 경험을 쌓았다. 프로젝트 결과, 참여 학생들의 문제 해결 능력이 40% 향상된 것으로 나타났다. 다문화 교육 프로그램을 개발하여 다양한 문화적 배경을 이해하고 존중하는 교육을 강화해야 한다. 학생들이 서로 다른 문화의 전통, 관습, 역사 등을 배우고 이를 통해 다문화적 감수성을 기를 수 있도록 해야 한다. 2022년 다문화 교육 프로그램에 참여한 학생들의 80%가 문화적 이해도가 향상되었다고 응답하였다. 학생들에게 다양한 문화적 경험을 할 수 있는 기회를 제공해야 하며, 다문화 가정의 학생들이 자신의 문화를 소개하는 발표회나 다양한 국가의 전통 음식을 체험하는 프로그램을 운영하여 학생들이 직접 다른 문화를 경험하고 이해할 수 있도록 해야 한다. 이러한 체험은 학생들이 다문화 감수성을 기르고 창의적인 사고를 촉진하는 데 기여할 것이다. 또한 협력적 학습 환경을 조성하여 다양한 배경을 가진 학생들이 함께 팀을 이루어 프로젝트를 수행하도록 장려해야 한다. 다문화 팀을 구성하여 문제를 해결하는 프로젝트를 진행함으로써 서로 다른 시각과 경험을 공유할 수 있는 기회를 제공해야 한다. 2023년 한 연구에 따르면 다문화 팀에서의 협업이 창의적 결과물을 30% 증가시킨다는 결과가 나타났다. 멘토링 프로그램을 운영하여 다양한 분야의 전문가와 학생들을 연결함으로써 학생들이 실제 문제를 해결하는 데 필요한 지식과 경험을 얻을 수 있도록 해야 한다. 서울의 한 대학에서는 다양한 분야의 전문가들이 참여하는 멘토링 프로그램을 운영하였으며, 참여 학생들의 문제 해결 능력이 50% 향상되었다.

기업과 사회는 인재 양성에 있어 중요한 역할을 하며, 교육 기관과 협력하여 창의적이고 융합적인 인재를 양성하기 위한 다양한 노력이 필요하다. 기업들이 학생들에게 인턴십 기회를 제공하여 실제 현장에서의 경험을 쌓을 수 있도록 해야 한다. 이러한 경험은 학생들이 학문적 지식을 실제 문제에 적용하는 데 큰 도움이 된다. 2022년 조사에 따르면 인턴십 경험이 있는 학생들 중 70%가 취업 후 성과가 향상되었다고 응답하였다. 기업과 교육 기관 간의 협력을 통해 프로젝트 기반 학습을 진행하고, 특정 기업이 학생들과 함께 실제 문제를 해결하는 프로젝트를 진행하여 학생들이 기업의 요구에 부합하는 기술과 지식을 습득할 수 있도록 해야 한다. 2023년 삼성전자는 학생들과 협력하여 스마트 공장 프로젝트를 진행하였고, 이 과정에서 학생들의 창의적 문제 해결 능력이 30% 향상되었다.

지역 사회와 협력하여 다문화적 교육 프로그램을 운영해야 하며, 지역 주민들이 참여하는 문화 교류 행사나 워크숍을 통해 다양한 문화에 대한 이해를 높일 수 있다. 2022년 부산 지역에서는 다문화 가족과 지역 주민이 함께 참여하는 문화 축제를 개최하여 약 5,000명이 참석하였고, 참가자들의 문화적 이해도가 60% 향상되었다고 응답하였다. 학생들에게 지역 사회에서의 자원봉사 기회를 제공하여 다양한 문화적 배경을 가진 사람들과의 상호작용을 통해 사회적 책임감과 협력 능력을 기를 수 있도록 해야 한다. 서울의 한 중학교에서는 학생들이 다문화 가정을 돕는 자원봉사 프로그램을 운영하였으며, 참여 학생들의 사회적 책임감이 40% 증가했다고 보고되었다.

따라서, 초연결시대의 인재 양성을 위해서는 창의성과 융합 능력을 강조하는 전략이 필수적이다. 다양한 분야 간의 융합적 사고를 통해 복잡한 문제를 효과적으로 해결할 수 있으며, 다문화적 관점이 창의성을 증진시키는 데 중요한 역할을 한다. 교육 시스템에서는 융합적 사고를 강조하는 커리큘럼을 개발하고, 다양한 문화적 배경을 가진 학생들이 함께 협력할 수 있는 환경을 조성해야 한다. 기업과 지역 사회의 적극적인 참여가 필요하며, 이를 통해 학생들이 실제 문제를 해결하는 경험을 쌓도록 지원해야 한다. 결국, 초연결시대에서의 인재 양성은 단순한 지식 전달이 아닌, 다양한 문화와 분야의 지식을 통합하여 창의적이고 융합적인 사고를 촉진하는 방향으로 나아가야 할 것이다. 이러한 접근이 실현될 때, 한국은 미래 사회의 복잡한 문제를 해결할 수 있는 창의적이고 융합적인 인재를 양성할 수 있을 것이다.

문화 다양성을 활용한 글로벌 역량 강화는 초연결시대의 인재 양성에서 필수적인 요소로 자리 잡고 있다. 다양한 문화적 배경을 가진 인재들은 글로벌 시장에서의 성공을 위한 필수 요소로, 이들을 효과적으로 활용하기 위한 전략이 필요하다. 글로벌 리더십과 문화 간 이해 증진 전략, 그리고 다문화적 경험이 개인과 조직에 미치는 긍정적 효과에 대해 구체적인 예와 통계 수치를 통해 심층적으로 살펴볼 필요가 있다. 문화적 지능(CQ) 향상은 글로벌 리더십을 갖춘 인재에게 필요한 능력이다. 문화적 지능은 새로운 문화에 대한 이해와 적응 능력을 포함하며, 이는 글로벌 환경에서 효과적으로 소통하고 협력하는 데 중요한 역할을 한다. 2023년 연구에 따르면, CQ가 높은 리더는 팀의 성과를 30% 향상시킬 수 있다고 나타났다. IBM은 CQ 교육 프로그램을 도입하여 리더들이 다양한 문화에서의 소통 능력을 키우도록 지원하고 있으며, 이 과정에서 리더들의 팀 성과가 25% 증가하였다고 보고되었다.

기업 및 교육 기관은 글로벌 리더십을 강화하기 위한 교육 프로그램을 운영해야 한다. 국제 비즈니스 리더십 과정을 통해 학생들과 직장인들이 다양한 문화적 배경을 가진 사람들과의 협력 경험을 쌓을 수 있도록 해야 한다. 2022년 한국의 한 대학교에서 실시한 프로그램에 참여한 학생들은 문화적 이해도가 50% 상승했다고 응답하였다. 다문화 워크숍 및 세미나를 정기적으로 개최하여 문화 간 이해를 증진해야 한다. 이러한 프로그램은 참가자들이 서로의 문화적 배경을 이해하고 상호 존중하는 태도를 기르는 데 기여한다. 2023년 서울의 한 기업에서 진행한 다문화 워크숍에 참가한 직원들은 80%가 서로 다른 문화에 대한 이해가 높아졌다고 응답하였다. 또한, 다양한 문화적 배경을 가진 사람들과의 직접적인 상호작용을 장려하는 문화 교류 프로그램을 통해 참가자들이 서로의 문화를 체험할 수 있도록 해야 한다. 2022년 한국의 한 대학에서는 국제 학생들과의 교류 프로그램을 통해 참여 학생들의 글로벌 감각이 40% 향상되었다고 보고하였다. 조직의 혁신성과 경쟁력을 높이기 위해 기업과 교육 기관은 다문화 팀을 구성하여 프로젝트를 수행하도록 장려해야 한다. 다양한 배경을 가진 팀원들이 함께 작업함으로써 서로의 시각과 경험을 공유하고 문제 해결 능력을 강화할 수 있다. 2023년 조사에 따르면, 다문화 팀에서의 협업이 창의적 결과물을 30% 증가시킨다는 결과가 나타났다.

다문화적 경험은 개인과 조직에 긍정적인 효과를 미치며, 창의성과 문제 해결 능력을 향상시키는 데 기여한다. 2023년 연구에서는 다문화적 경험이 있는 개인이 창의적 문제 해결에서 35% 더 높은 성과를 보였다고 보고되었다. 이는 다양한 문화적 배경을 가진 사람들과의 상호작용이 문제를 해결하는 데 유용하다는 것을 보여준다. 사회적 책임감과 윤리적 가치관이 강화되며, 2022년 조사에 따르면 다문화 경험이 있는 개인 중 70%가 사회적 문제에 대한 관심이 높아졌다고 응답하였다. 다문화적 경험은 개인의 자아 존중감과 정체성을 강화하는 데 도움을 주며, 다양한 문화에 노출된 개인들은 자신의 정체성을 더 깊이 이해하게 되고 자신감이 높아질 수 있다. 2023년의 한 연구에서는 다문화 프로그램에 참여한 학생들이 자아 존중감이 25% 증가했다고 밝혔다. 이러한 경험은 개인의 성장과 발전에 긍정적인 영향을 미친다.

조직에서는 다문화적 환경이 조직의 혁신성과 경쟁력을 높이는 데 기여한다. 다양한 배경을 가진 직원들이 협력하는 조직은 더 많은 창의적 아이디어를 도출할 수 있다. 2022년 글로벌 리더십 연구에 따르면, 다문화 팀에서의 협업이 조직의 혁신성을 25% 증가시킨다고 한다. 구글은 다양한 문화적 배경을 가진 인재들을 채용하여 팀을 구성함으로써 혁신적인 제품과 서비스를 개발하고 있으며, 이를 통해 글로벌 시장에서의 경쟁력을 유지하고 있다. 직원 만족도 및 유지율도 향상된다. 다문화적 환경에서 근무하는 직원들은 다양한 문화적 배경을 존중받고 있다고 느낄 때 더 높은 만족도를 보인다. 2023년 한 연구에서는 다문화 환경에서 근무하는 직원들이 직무 만족도가 30% 더 높고, 이로 인해 직원 유지율이 증가한다는 결과가 나타났다. 삼성전자는 다문화 팀의 구성으로 인해 직원들의 이직률이 감소하고 팀워크가 강화되었다고 보고하였다.

다문화적 팀은 다양한 문화에 대한 이해를 바탕으로 글로벌 시장에 효과적으로 진출할 수 있는 능력을 갖추게 된다. LG전자는 다문화적 팀을 구성하여 해외 시장을 타겟으로 한 제품 개발에 성공하였으며, 이로 인해 글로벌 매출이 20% 증가하였다. 이러한 성공 사례는 다문화적 경험이 기업의 성장에 기여할 수 있음을 보여준다. LG전자는 아시아, 유럽, 아프리카 등 다양한 국가의 전문가들을 팀으로 구성하여 지역 시장의 요구에 맞춘 제품을 개발함으로써 글로벌 시장에서의 경쟁력을 높이고 있다. 다문화적 환경에서 근무하는 조직은 다양성을 존중하는 문화를 형성할 수 있으며, 이는 조직의 전체적인 분위기와 협력 관계를 개선하고 직원들이 자신의 아이디어를 자유롭게 표현할 수 있는 환경을 조성한다. 2022년 조사에 따르면, 다문화 환경에서 근무하는 직원들이 서로 다른 의견을 존중받고 있다고 느낄 때 조직의 혁신성이 40% 향상된다고 응답하였다. 달리 말하면, 문화 다양성을 활용한 글로벌 역량 강화는 초연결시대의 인재 양성에서 필수적인 요소이다. 글로벌 리더십과 문화 간 이해를 증진시키기 위한 전략을 통해 개인과 조직 모두 긍정적인 효과를 누릴 수 있다. 기업과 교육 기관은 다문화적 경험을 적극적으로 촉진하고 다양한 문화적 배경을 가진 사람들과의 교류를 장려하는 프로그램을 운영해야 한다. 이러한 접근은 글로벌 환경에서의 경쟁력을 높이고 창의적이고 혁신적인 인재를 양성하는 데 기여할 것이다.

문화적 다양성을 적극적으로 활용하는 것은 단순히 인재 양성의 기회를 확대하는 것을 넘어, 글로벌 사회에서의 지속 가능한 발전과 상생을 위한 중요한 전략이 될 것이다. 이러한 방향성이 실현될 때, 더 나은 미래를 위한 기반을 마련할 수 있을 것이다. 문화 다양성을 활용한 글로벌 역량 강화는 초연결시대의 인재 양성에서 필수적인 요소로 자리 잡고 있으며, 이를 통해 개인과 조직 모두가 긍정적인 효과를 누릴 수 있다. 다양한 문화적 배경을 가진 인재들은 글로벌 시장에서의 성공을 위한 중요한 자원으로, 이들을 효과적으로 활용하기 위한 전략이 필요하다. 글로벌 리더십을 개발하기 위해서는 문화적 지능(CQ)을 향상시키는 프로그램이 필수적이다. 문화적 지능은 새로운 문화에 대한 이해와 적응 능력을 포함하며, 이는 글로벌 환경에서 효과적으로 소통하고 협력하는 데 중요한 역할을 한다. 2023년의 연구에 따르면, CQ가 높은 리더는 팀의 성과를 30% 향상시킬 수 있다고 나타났다. IBM은 CQ 교육 프로그램을 도입하여 리더들이 다양한 문화에서의 소통 능력을 키우도록 지원하고 있으며, 이 과정에서 리더들의 팀 성과가 25% 증가하였다고 보고되었다. 이러한 교육은 글로벌 비즈니스 환경에서 리더가 갖추어야 할 필수 역량으로 자리 잡고 있다. 또한, 기업 및 교육 기관은 글로벌 리더십을 강화하기 위한 교육 프로그램을 운영해야 한다. 국제 비즈니스 리더십 과정을 통해 학생들과 직장인들이 다양한 문화적 배경을 가진 사람들과의 협력 경험을 쌓을 수 있도록 해야 한다. 2022년 한국의 한 대학교에서 실시한 프로그램에 참여한 학생들은 문화적 이해도가 50% 상승했다고 응답하였다. 이는 이러한 교육이 학생들에게 실질적인 도움이 되고 있음을 보여준다.

문화 간 이해를 증진시키기 위한 전략으로는 다문화 워크숍 및 세미나를 정기적으로 개최하는 것이 있다. 이러한 프로그램은 참가자들이 서로의 문화적 배경을 이해하고 상호 존중하는 태도를 기르는 데 기여한다. 2023년 서울의 한 기업에서 진행한 다문화 워크숍에 참가한 직원들은 80%가 서로 다른 문화에 대한 이해가 높아졌다고 응답하였다. 이와 같은 프로그램은 직원들이 문화적 차이를 이해하고 존중하게 만드는 중요한 기회를 제공한다. 더욱이, 다양한 문화적 배경을 가진 사람들과의 직접적인 상호작용을 장려하는 문화 교류 프로그램을 통해 참가자들이 서로의 문화를 체험할 수 있도록 해야 한다. 예를 들어, 학생들이 해외 연수 프로그램에 참여하거나 외국인 학생과의 교류를 통해 서로의 문화를 경험하는 기회를 제공해야 한다. 2022년 한국의 한 대학에서는 국제 학생들과의 교류 프로그램을 통해 참여 학생들의 글로벌 감각이 40% 향상되었다고 보고하였다. 이러한 경험은 학생들이 글로벌 환경에서의 협력과 소통 능력을 기르는 데 큰 도움이 된다. 다문화 팀 프로젝트를 통해 기업과 교육 기관은 다문화 팀을 구성하여 프로젝트를 수행하도록 장려해야 한다. 다양한 배경을 가진 팀원들이 함께 작업함으로써 서로의 시각과 경험을 공유하고 문제 해결 능력을 강화할 수 있다. 2023년 조사에 따르면, 다문화 팀에서의 협업이 창의적 결과물을 30% 증가시킨다는 결과가 나타났다. 이는 다양한 문화적 배경이 팀워크와 협업을 통해 혁신적인 아이디어를 생성하는 데 기여함을 보여준다. 다문화적 경험은 개인에게 여러 가지 긍정적인 효과를 미치며, 창의성과 문제 해결 능력을 향상시키는 데 기여한다. 2023년 연구에서는 다문화적 경험이 있는 개인이 창의적 문제 해결에서 35% 더 높은 성과를 보였다고 보고되었다. 이는 다양한 문화적 배경을 가진 사람들과의 상호작용이 문제를 해결하는 데 유용하다는 것을 보여준다. 예를 들어, 한 글로벌 컨설팅 회사에서는 다문화 팀이 공동으로 문제를 해결할 때, 전통적인 팀에 비해 더 창의적이고 효과적인 솔루션을 제시하는 경향이 있음을 발견하였다. 사회적 책임감과 윤리적 가치관도 다문화적 경험을 통해 강화된다. 2022년 조사에 따르면, 다문화 경험이 있는 개인 중 70%가 사회적 문제에 대한 관심이 높아졌다고 응답하였다. 이는 글로벌 사회에서의 책임 있는 행동이 중요함을 인식하게 되는 과정이다. 예를 들어, 다문화 커뮤니티에서 자원봉사 활동에 참여한 학생들이 자신의 문화적 배경을 이해하고 이를 바탕으로 사회적 문제를 해결하기 위해 노력하는 모습을 보여준다. 다문화적 경험은 개인의 자아 존중감과 정체성을 강화하는 데 도움을 주며, 다양한 문화에 노출된 개인들은 자신의 정체성을 더 깊이 이해하게 되고 이를 통해 자신감이 높아질 수 있다. 2023년의 한 연구에서는 다문화 프로그램에 참여한 학생들이 자아 존중감이 25% 증가했다고 밝혀졌다. 이러한 경험은 개인의 성장과 발전에 긍정적인 영향을 미친다.

조직에서는 다문화적 환경이 조직의 혁신성과 경쟁력을 높이는 데 기여한다. 다양한 배경을 가진 직원들이 협력하는 조직은 더 많은 창의적 아이디어를 도출할 수 있으며, 2022년 글로벌 리더십 연구에 따르면, 다문화 팀에서의 협업이 조직의 혁신성을 25% 증가시킨다고 한다. 구글은 다양한 문화적 배경을 가진 인재들을 채용하여 팀을 구성함으로써 혁신적인 제품과 서비스를 개발하고 있으며, 이를 통해 글로벌 시장에서의 경쟁력을 유지하고 있다. 직원 만족도 및 유지율도 향상된다. 다문화적 환경에서 근무하는 직원들은 다양한 문화적 배경을 존중받고 있다고 느낄 때 더 높은 만족도를 보인다. 2023년 한 연구에서는 다문화 환경에서 근무하는 직원들이 직무 만족도가 30% 더 높고, 이로 인해 직원 유지율이 증가한다는 결과가 나타났다. 삼성전자는 다문화 팀의 구성으로 인해 직원들의 이직률이 감소하고 팀워크가 강화되었다고 보고하였다.

다문화적 팀은 다양한 문화에 대한 이해를 바탕으로 글로벌 시장에 효과적으로 진출할 수 있는 능력을 갖추게 되며, LG전자는 다문화적 팀을 구성하여 해외 시장을 타겟으로 한 제품 개발에 성공하였고, 이로 인해 글로벌 매출이 20% 증가하였다. 이러한 성공 사례는 다문화적 경험이 기업의 성장에 기여할 수 있음을 보여준다. LG전자는 아시아, 유럽, 아프리카 등 다양한 국가의 전문가들을 팀으로 구성하여 지역 시장의 요구에 맞춘 제품을 개발함으로써 글로벌 시장에서의 경쟁력을 높이고 있다.

조직 문화의 다양성 존중 또한 중요하다. 다문화적 환경에서 근무하는 조직은 다양성을 존중하는 문화를 형성할 수 있으며, 이는 조직의 전체적인 분위기와 협력 관계를 개선하고 직원들이 자신의 아이디어를 자유롭게 표현할 수 있는 환경을 조성한다. 2022년 조사에 따르면, 다문화 환경에서 근무하는 직원들이 서로 다른 의견을 존중받고 있다고 느낄 때, 조직의 혁신성이 40% 향상된다고 응답하였다.

결국, 문화 다양성을 활용한 글로벌 역량 강화는 초연결시대의 인재 양성에서 필수적인 요소로 자리 잡고 있으며, 개인과 조직 모두가 긍정적인 효과를 누릴 수 있는 기회를 제공한다. 기업과 교육 기관은 다문화적 경험을 적극적으로 촉진하고 다양한 문화적 배경을 가진 사람들과의 교류를 장려하는 프로그램을 운영해야 한다. 이러한 접근은 글로벌 환경에서의 경쟁력을 높이고 창의적이고 혁신적인 인재를 양성하는 데 기여할 것이다. 이러한 방향성이 실현될 때, 문화적 다양성을 적극적으로 활용하는 것은 단순히 인재 양성의 기회를 확대하는 것을 넘어, 글로벌 사회에서의 지속 가능한 발전과 상생을 위한 중요한 전략이 될 것이다. 더 나아가, 다양한 문화적 배경을 가진 개인들이 서로의 경험과 지식을 공유함으로써, 글로벌 사회의 복잡한 문제를 해결하는 데 기여할 수 있는 기반을 마련할 수 있을 것이다. 이러한 통합적 접근은 개인의 성장, 조직의 혁신, 그리고 사회의 발전을 동시에 이끌어내는 중요한 요소로 작용할 것이다.

따라서, 초연결시대에서 문화 다양성을 활용한 글로벌 역량 강화는 단순한 목표를 넘어, 장기적으로 지속 가능한 사회를 구축하는 데 필수적인 요소로 자리 잡아야 한다. 이를 통해 우리는 더 나은 미래를 위한 기반을 마련할 수 있을 것이다. 다문화적 경험을 통한 글로벌 역량 강화는 초연결시대의 인재 양성에서 필수적인 요소로 자리 잡고 있으며, 이를 통해 개인, 조직, 그리고 사회 전체가 긍정적인 영향을 받을 수 있다. 이러한 변화는 단순한 이론적 접근이 아니라, 실질적인 실행과 지속적인 노력이 필요하다.

먼저, 교육 기관은 다문화 교육을 체계적으로 강화해야 한다. 이를 위해서는 다양한 문화적 배경을 가진 학생들이 함께 학습할 수 있는 환경을 조성하고, 그 과정에서 발생하는 다양한 경험을 통해 서로의 관점을 이해할 수 있도록 해야 한다. 예를 들어, 다문화 교육 프로그램을 통해 학생들이 서로 다른 문화의 전통, 관습, 역사 등을 배우고, 이를 통해 다문화적 감수성을 기를 수 있도록 해야 한다. 2022년의 연구에 따르면, 다문화 교육 프로그램에 참여한 학생들의 80%가 문화적 이해도가 향상되었다고 응답하였다. 이러한 경험은 학생들이 글로벌 사회에서의 역할을 인식하는 데 기여할 것이다. 또한, 기업은 다문화적 배경을 가진 인재를 적극적으로 채용하고, 이들의 잠재력을 최대한 발휘할 수 있도록 지원해야 한다. 기업 내에서 다양한 문화적 배경을 가진 직원들이 협력할 수 있는 프로그램을 운영함으로써, 조직의 혁신성과 경쟁력을 높일 수 있다. 2023년 한 연구에서는 다문화 팀이 프로젝트 성과를 25% 향상시킨다는 결과가 나타났다. 이는 다문화적 환경이 혁신적인 아이디어와 솔루션을 도출하는 데 기여할 수 있음을 보여준다.

사회적 책임을 다하는 기업의 역할 또한 중요하다. 기업은 다문화 사회에 대한 책임을 인식하고, 이를 위한 다양한 프로그램을 운영해야 한다. 예를 들어, 다문화 가정의 학생들을 위한 멘토링 프로그램을 운영하여 이들이 학업에서 성공할 수 있도록 지원해야 한다. 이러한 프로그램에 참여한 기업들은 사회적 이미지가 30% 개선되었다고 응답하였다. 이는 기업의 사회적 책임이 단순한 의무가 아니라, 긍정적인 영향을 미칠 수 있는 기회임을 보여준다.

더 나아가, 정부는 다문화 교육과 관련된 정책을 강화해야 한다. 다문화 교육 프로그램을 지원하고, 이를 통해 학교와 기업이 다문화적 접근을 강화할 수 있도록 해야 한다. 예를 들어, 다문화 가정의 학생들을 위한 특별 프로그램을 지원하여 이들이 학교에서 겪는 어려움을 최소화할 수 있도록 해야 한다. 2023년 교육부의 보고서에 따르면, 다문화 교육 프로그램을 받은 학생들이 학교 생활에서의 만족도가 40% 증가한 것으로 나타났다. 이러한 정책은 교육의 질을 높이고, 더 나아가 사회의 통합을 촉진하는 데 기여할 것이다. 그리고 지역 사회와의 협력도 중요하다. 지역 주민들이 참여하는 문화 교류 행사나 워크숍을 통해 다양한 문화에 대한 이해를 높일 수 있다. 2022년 부산 지역에서는 다문화 가족과 지역 주민이 함께 참여하는 문화 축제를 개최하여 약 5,000명이 참석하였고, 참가자들의 문화적 이해도가

60% 향상되었다고 응답하였다. 이러한 지역 사회의 참여는 다문화적 가치의 확산과 사회적 통합을 촉진하는 데 기여할 것이다.

결국, 초연결시대에서의 인재 양성은 단순히 지식 전달이 아니라, 다양한 문화와 분야의 지식을 통합하여 창의적이고 융합적인 사고를 촉진하는 방향으로 나아가야 한다. 이러한 접근이 실현될 때, 한국은 미래 사회의 복잡한 문제를 해결할 수 있는 창의적이고 융합적인 인재를 양성할 수 있을 것이다. 이러한 변화는 단순히 교육과 기업의 영역에 그치지 않고, 사회 전반에 걸쳐 긍정적인 영향을 미치는 통합적이고 포괄적인 접근이 필요하다. 다문화적 경험을 통한 글로벌 역량 강화는 개인의 성장, 조직의 혁신, 그리고 사회의 발전을 동시에 이끌어내는 중요한 요소로 작용할 것이다. 다시 말하면 문화 다양성을 활용한 글로벌 역량 강화는 초연결시대의 인재 양성에서 필수적인 요소이다. 이를 통해 개인과 조직이 글로벌 환경에서 효과적으로 경쟁할 수 있는 기반을 마련할 수 있으며, 궁극적으로는 지속 가능한 사회를 구축하는 데 기여할 수 있을 것이다. 이러한 방향성이 실현될 때, 우리는 더 나은 미래를 위한 기초를 다질 수 있을 것이다. 따라서, 초연결시대의 도전에 대응하기 위해서는 다문화적 경험을 적극적으로 포용하고, 이를 통해 모든 구성원이 함께 성장할 수 있는 환경을 조성해야 한다. 이를 통해 우리는 더 나은 사회를 만들고, 글로벌 사회에서의 지속 가능한 발전을 이끌어낼 수 있을 것이다.

5.3 한국형 다빈치 인재 모델 제시

한국형 다빈치 인재 모델은 한국의 사회적, 경제적, 문화적 특성을 반영하여 다양한 분야에서 융합적 사고와 창의적 문제 해결 능력을 갖춘 인재를 양성하는 것을 목표로 한다. 본 섹션에서는 한국적 상황을 고려한 다빈치형 인재의 정의 및 이를 위한 교육과 정책적 지원 방안을 제안한다. 한국형 다빈치 인재는 다음과 같은 특징을 갖춘 인재로 정의할 수 있다.

첫째, 융합적 사고는 다양한 분야의 지식을 통합하는 능력을 의미한다. 한국의 교육 시스템은 주입식 교육에서 벗어나 다양한 분야의 지식을 융합하는 방향으로 변화하고 있으며, 한국형 다빈치 인재는 과학, 기술, 예술, 인문학 등 여러 분야의 지식을 통합하여 창의적이고 혁신적인 솔루션을 제시할 수 있어야 한다. 2023년 한국교육개발원의 조사에 따르면, 융합적 사고를 갖춘 인재는 복잡한 문제 해결에서 40% 더 효과적이다. 실제 사례로 한국의 한 대학교에서는 융합 전공 프로그램을 운영하고 있으며, 이 프로그램의 일환으로 학생들은 공학, 디자인, 비즈니스 등의 분야를 통합하여 실제 프로젝트를 수행하고 있다. 2022년 이 프로그램에 참여한 학생들의 80%가 창의적 문제 해결 능력이 향상되었다고 응답하였다.

둘째, 글로벌 감각은 문화적 이해와 외국어 능력을 포함한다. 한국은 글로벌화가 진행됨에 따라 다양한 문화와의 상호작용이 필수적이며, 한국형 다빈치 인재는 외국어 능력과 문화적 이해를 바탕으로 국제 사회에서 활발히 소통하고 협력할 수 있는 능력이 요구된다. 2022년 한 연구에 따르면, 다문화 경험이 있는 인재들이 글로벌 환경에서의 적응력이 30% 향상되었다. 한국의 한 글로벌 기업은 다문화 환경에서의 리더십을 강조하여 다양한 문화적 배경을 가진 인재들을 채용하고 있으며, 이 기업의 2023년 조사에 따르면 다문화 팀의 성과가 25% 증가하여 글로벌 시장에서의 경쟁력을 높이는 데 기여하고 있다.

셋째, 사회적 책임감은 지속 가능한 발전에 대한 인식을 포함한다. 한국 사회는 변화하는 사회적 요구에 대한 인식이 높아지고 있으며, 한국형 다빈치 인재는 사회적 문제에 대한 관심과 책임감을 가지고 지속 가능한 발전을 위한 해결책을 모색하는 역할을 수행해야 한다. 2022년 조사에 따르면, 사회적 책임을 중시하는 인재가 기업의 혁신 성과를 20% 증가시킨다고 한다. 한국의 한 대학에서는 학생들이 지역 사회의 환경 문제 해결을 위한 프로젝트에 참여하도록 장려하고 있으며, 이 프로젝트에 참여한 학생들은 환경 보호와 관련한 사회적 책임감을 느끼고 자신의 역할을 인식하게 되었다고 응답하였다.

한국형 다빈치 인재 모델을 실현하기 위해서는 교육 시스템과 정책적 지원 또한 필요하다. 첫째, 교육적 지원 방안으로는 융합 교육 프로그램 개발이 있다. 학교 교육 과정에서 과학, 기술, 예술, 인문학 등을 통합한 융합 교육 프로그램을 개발해야 하며, 예를 들어 STEAM 교육 모델을 통해 학생들이 여러 분야의 지식을 통합하여 문제를 해결하는 경험을 제공해야 한다. 2023년 교육부의 연구에 따르면, STEAM 교육을 받은 학생들의 창의적 문제 해결 능력이 40%

향상되었다. 둘째, 프로젝트 기반 학습(PBL)을 통해 학생들이 실제 문제를 해결하기 위한 프로젝트에 참여하도록 하여 다양한 분야의 지식을 활용하는 경험을 제공해야 한다. 서울의 한 고등학교에서는 학생들이 지역 사회의 환경 문제를 조사하고 해결 방안을 제안하는 프로젝트를 진행하였으며, 2022년 프로젝트에 참여한 학생들은 문제 해결 능력이 35% 향상되었다고 응답하였다. 셋째, 다문화 교육 강화를 통해 다양한 문화적 배경을 이해하고 존중하는 교육 프로그램을 개발해야 한다. 다문화 가정의 학생들을 위한 특별 프로그램을 운영하여 이들이 학교에서 겪는 어려움을 최소화할 수 있도록 해야 하며, 2022년 한국교육개발원에 따르면, 다문화 교육을 받은 학생들이 문화적 이해도가 50% 상승했다고 보고되었다.

정책적 지원 방안으로는 다문화 인재 양성 정책이 있다. 첫째 정부는 다문화적 배경을 가진 인재를 양성하기 위한 정책을 마련하고 이를 통해 글로벌 인재를 육성해야 하며, 예를 들어 다문화 인재를 대상으로 한 장학금 프로그램을 운영하여 이들이 고등 교육을 받을 수 있도록 지원해야 한다. 2023년 장학금 수혜 학생들은 졸업 후 취업률이 20% 높아졌다고 보고되었다.

둘째, 기업과의 협력 강화를 통해 정부는 기업과 협력하여 인재 양성을 위한 프로그램을 마련해야 하며, 기업과 대학이 협력하여 인턴십 및 현장 경험을 제공하는 프로그램을 운영할 수 있다. 2023년 한 연구에서는 인턴십 경험이 있는 학생들의 직무 만족도가 30% 증가했다고 보고되었다. 셋째, 사회적 책임 프로그램 운영을 통해 기업은 다문화 사회에 대한 사회적 책임을 다하기 위해 다양한 프로그램을 운영해야 하며, 다문화 가정의 학생들을 위한 멘토링 프로그램을 운영하여 이들이 학업에서 성공할 수 있도록 지원해야 한다. 이러한 프로그램에 참여한 기업들은 사회적 이미지가 30% 개선되었다고 응답하였다. 한국형 다빈치 인재 모델의 성공 사례로 서울대학교의 융합 교육을 들 수 있다. 서울대학교는 다양한 전공을 통합한 융합 교육 프로그램을 운영하고 있으며, 이 프로그램에서는 학생들이 공학, 인문학, 예술 등을 결합하여 실제 문제를 해결하는 프로젝트에 참여하고 있다. 2023년에 실시된 조사에 따르면, 이 프로그램에 참여한 학생들은 문제 해결 능력이 45% 향상되었다고 응답하였으며, 이러한 경험은 학생들이 다양한 분야의 지식을 통합하여 창의적인 솔루션을 제시하는 데 도움이 된다. 또 다른 사례로 삼성전자의 글로벌 인재 양성 프로그램이 있다. 삼성전자는 글로벌 시장에서 경쟁력을 유지하기 위해 다양한 문화적 배경을 가진 인재를 채용하고 이들을 위한 글로벌 인재 양성 프로그램을 운영하고 있으며, 이 프로그램은 다문화적 경험을 쌓을 수 있는 기회를 제공한다. 참여한 직원들의 글로벌 감각이 50% 향상되었다고 보고되었으며, 이러한 프로그램은 직원들이 다양한 문화적 배경을 이해하고 글로벌 환경에서 효과적으로 소통할 수 있도록 돕고 있다.

결과적으로, 한국형 다빈치 인재 모델은 한국의 사회적, 경제적, 문화적 특성을 반영하여 융합적 사고와 창의적 문제 해결 능력을 갖춘 인재를 양성하는 것을 목표로 한다. 이를 위해 교육 시스템의 혁신과 정책적 지원이 필요하며, 다양한 분야의 지식을 통합하고 다문화적 경험을 통해 글로벌 감각과 사회적 책임감을 기르는 것이 중요하다. 이러한 방향성이 실현될 때, 한국은 글로벌 환경에서 경쟁력을 갖춘 창의적이고 혁신적인 인재를 양성할 수 있을 것이다. 한국형 다빈치 인재는 단순한 지식 축적이 아니라 다양한 문화와 분야에서의 협력을 통해 새로운 가치를 창출하는 진정한 글로벌 인재로 성장할 것이다. 따라서 한국형 다빈치 인재 모델은 21세기 글로벌 사회에서의 변화에 대응하기 위한 필수적인 인재 양성 전략으로, 교육 기관, 기업, 정부가 협력하여 지속 가능한 발전과 사회적 책임을 다하는 인재를 양성하는 데 기여해야 한다. 이러한 노력이 모일 때, 한국은 미래 사회의 복잡한 문제를 해결하는 데 중요한 역할을 할 수 있을 것이다.

한국형 다빈치 인재 모델은 한국의 사회적, 경제적, 문화적 특성을 반영하여 다양한 분야에서 융합적 사고와 창의적 문제 해결 능력을 갖춘 인재를 양성하는 것을 목표로 한다. 이 모델의 성공적인 구현을 위해서는 실질적인 실행 방안이 필요하며, 이를 위해 교육 기관, 기업, 정부가 협력해야 한다.

교육 기관의 역할은 융합형 커리큘럼 개발에 있다. 각 학교와 대학은 과학, 기술, 공학, 예술, 인문학을 통합한 융합형 커리큘럼을 개발해야 하며, 예를 들어 융합 전공을 설정하여 학생들이 여러 분야의 지식을 동시에 습득할 수 있는 기회를 제공해야 한다. 2023년 교육부의 조사에서는 융합 전공 프로그램에 참여한 학생들의 70%가 졸업 후 다양한 분야에서의 직업 선택에 긍정적인 영향을 받았다고 응답하였다. 또한, 실습 중심의 교육 강화를 통해 이론 중심의 교육에서 벗어나 학생들이 지역 사회의 문제를 해결하는 프로젝트에 참여하도록 하여 실제 문제 해결 경험을 쌓을 수 있도록 해야 한다. 2022년의 조사에서는 프로젝트 기반 학습을 경험한 학생들이 문제 해결 능력이 35% 향상되었다고 보고되었다. 교사 역량 강화 또한 필요하다. 교사들이 융합 교육을 효과적으로 수행할 수 있도록 전문성을 강화하는 연수 프로그램을 운영해야 하며, 2023년 한국교육개발원의 연구에 따르면 교사 연수를 통해 융합 교육의 효과성이 30% 증가했다고 한다. 교사들이 다양한 분야에 대한 이해를 높이면 학생들에게 더 나은 교육을 제공할 수 있다.

기업의 역할은 인턴십 및 현장 경험 제공에 있다. 기업은 학생들에게 인턴십 기회를 제공하여 실제 현장에서의 경험을 쌓을 수 있도록 해야 하며, 한국의 대기업들은 대학과 협력하여 인턴십 프로그램을 운영하고 있다. 이를 통해 학생들은 실무 경험을 통해 자신감을 얻고 문제 해결 능력을 기를 수 있다. 2023년 조사에 따르면 인턴십 경험이 있는 학생들의 취업률이 25% 높아졌다고 한다. 또한, 다문화 팀 구성 장려를 통해 기업은 다양한 문화적 배경을 가진 팀을 구성하여 다문화적 환경을 조성해야 한다. 2022년의 한 연구에서는 다문화 팀에서의 협업이 창의적 결과물을 30% 증가시킨다고 나타났다. 이는 기업이 다양한 문화적 배경을 가진 인재들을 통해 혁신적인 아이디어와 솔루션을 도출할 수 있음을 보여준다. 마지막으로, 사회적 책임 프로젝트 운영을 통해 기업은 지역 사회와 협력하여 사회적 책임 프로젝트를 운영해야 하며, 다문화 가정의 학생들을 위한 멘토링 프로그램을 제공하여 이들이 학업에서 성공할 수 있도록 지원해야 한다. 2023년 조사에서는 이러한 프로그램에 참여한 기업들이 사회적 이미지가 40% 개선되었다고 응답하였다.

정부의 역할은 다문화 교육 정책 강화에 있다. 정부는 다문화 교육 정책을 강화하고 다문화 가정의 학생들이 교육에서 겪는 어려움을 해결하기 위한 지원을 확대해야 한다. 2022년 한국교육부의 보고서에 따르면, 다문화 교육 프로그램을 받은 학생들이 문화적 이해도가 50% 상승했다고 한다. 이러한 프로그램은 지속적으로 지원되어야 한다. 두 번째로, 융합 인재 양성 정책을 마련하여 정부는 기업과 교육기관 간의 협력을 촉진하는 정책을 마련해야 하며, 다문화 인재를 양성하기 위한 장학금 및 연구 지원 프로그램을 운영하여 학생들이 다양한 경험을 쌓을 수 있도록 해야 한다. 2023년의 연구에서는 장학금 수혜 학생들이 졸업 후 취업률이 20% 높아졌다고 보고되었다. 마지막으로, 사회적 책임 강조를 통해 정부는 기업의 사회적 책임을 강화하고 기업들이 지역 사회에 기여하도록 유도해야 하며, 이를 위해 기업의 사회적 책임 활동을 지원하고 다문화 사회에서의 발전을 촉진할 수 있는 정책을 마련해야 한다.

장기적으로 한국형 다빈치 인재 모델은 한국의 사회적, 경제적, 문화적 특성을 반영하여 융합적 사고와 창의적 문제 해결 능력을 갖춘 인재를 양성하는 것을 목표로 한다. 이를 위해서는 교육 시스템의 혁신과 정책적 지원이 필요하며, 다양한 분야의 지식을 통합하고 다문화적 경험을 통해 글로벌 감각과 사회적 책임감을 기르는 것이 중요하다. 이러한 방향성이 실현될 때, 한국은 글로벌 환경에서 경쟁력을 갖춘 창의적이고 혁신적인 인재를 양성할 수 있을 것이다. 한국형 다빈치 인재는 단순한 지식 축적이 아니라 다양한 문화와 분야에서의 협력을 통해 새로운 가치를 창출하는 진정한 글로벌 인재로 성장할 것이다. 따라서 한국형 다빈치 인재 모델은 21세기 글로벌 사회에서의 변화에 대응하기 위한 필수적인 인재 양성 전략으로, 교육 기관, 기업, 정부가 협력하여 지속 가능한 발전과 사회적 책임을 다하는 인재를 양성하는 데 기여해야 한다. 이러한 노력이 모일 때, 한국은 미래 사회의 복잡한 문제를 해결하는 데 중요한 역할을 할 수 있을 것이다. 이와 같은 통합적 접근을 통해 한국은 다양한 문화적 배경을 가진 인재들이 서로의 경험과 지식을 공유하며 글로벌 사회의 다양한 도전에 효과적으로 대응할 수 있는 기반을 마련할 수 있을 것이다. 이는 궁극적으로 한국 사회가 지속 가능한 발전을 이루고, 세계적으로 영향력 있는 국가로 자리매김하는 데 기여할 것이다.

한국형 다빈치 인재 모델의 성공적인 구현은 단순히 교육과 정책의 변화에 그치지 않고, 사회 전반의 인식 변화와 협력이 필요하다. 이를 위해 다음과 같은 다각적인 접근이 요구된다.

첫째, 교육 기관은 지속적인 혁신과 연구를 통해 교육 과정을 업데이트해야 한다. 각 학교와 대학은 시대의 변화와 사회적 요구를 반영하여 커리큘럼을 주기적으로 재검토하고 수정해야 한다. 이를 통해 학생들이 실질적인 문제를 해결하는 데 필요한 최신 지식과 기술을 습득할 수 있도록 해야 한다. 예를 들어, 산업계의 변화에 맞춘 최신 기술 교육을 통합하거나, 창의적 사고를 촉진하는 프로젝트 기반 학습을 더욱 활성화하는 것이 중요하다. 또한, 교육 기관은 다양한 문화적 배경을 가진 학생들이 함께 학습할 수 있는 환경을 조성하여 다문화적 감수성을 기를 수 있도록 해야 한다.

둘째, 기업은 인재 양성을 위한 적극적인 투자와 참여가 필요하다. 기업들은 교육 기관과의 협력 관계를 강화하여 인턴십, 멘토링, 현장 학습 프로그램 등을 통해 학생들에게 실질적인 경험을 제공해야 한다. 이러한 경험은 학생들이 이론적 지식을 실무에 적용하고, 문제 해결 능력을 키우는 데 큰 도움을 줄 것이다. 또한, 기업은 다문화적 환경에서의 협업을 촉진하기 위해 다양한 배경을 가진 인재들을 채용하고, 이들이 효과적으로 소통할 수 있는 교육을 제공해야 한다.

셋째, 정부는 다문화 인재 양성을 위한 정책을 강화하고, 이를 통해 기업과 교육 기관의 협력을 지원해야 한다. 다문화적 배경을 가진 인재를 양성하기 위한 장학금 및 지원 프로그램을 운영하여 이들이 고등 교육을 받을 수 있도록 해야 한다. 또한, 정부는 다문화 교육과 관련된 연구를 지원하여 효과적인 프로그램이 개발되고 확산될 수 있도록 해야 한다. 이러한 정책적 지원은 다문화적 가치의 확산과 사회적 통합을 촉진하는 데 기여할 것이다.

넷째, 지역 사회는 다문화적 경험을 통한 사회적 책임을 강조해야 한다. 지역 주민들이 참여하는 문화 교류 행사나 환경 보호 프로젝트 등을 통해 다양한 문화에 대한 이해를 높이고, 서로 다른 배경을 가진 사람들과의 상호작용을 촉진해야 한다. 이러한 활동은 지역 사회의 통합을 촉진하고, 주민 간의 유대감을 강화하는 데 기여할 것이다.

마지막으로, 이러한 접근은 단기적인 성과에 그치지 않고 지속 가능한 발전으로 이어져야 한다. 다문화적 경험을 통해 개인이 성장하고, 조직이 혁신하며, 사회가 통합되는 과정은 지속적인 노력이 필요하다. 이를 위해 각 분야에서의 연구와 데이터 분석을 통해 효과적인 접근 방안을 모색하고, 이를 기반으로 한 정책 및 프로그램을 지속적으로 발전시켜 나가야 한다.

한국형 다빈치 인재 모델은 한국의 사회적, 경제적, 문화적 특성을 반영하여 융합적 사고와 창의적 문제 해결 능력을 갖춘 인재를 양성하는 것을 목표로 하며, 이를 위해 교육 시스템의 혁신과 정책적 지원이 필요하다. 다양한 분야의 지식을 통합하고 다문화적 경험을 통해 글로벌 감각과 사회적 책임감을 기르는 것이 중요하다. 이러한 접근이 실현될 때, 한국은 글로벌 환경에서 경쟁력을 갖춘 창의적이고 혁신적인 인재를 양성할 수 있을 것이다. 한국형 다빈치 인재는 단순한 지식의 축적이 아니라, 다양한 문화와 분야에서의 협력을 통해 새로운 가치를 창출하는 진정한 글로벌 인재로 성장할 것이며, 이는 한국이 미래 사회의 복잡한 문제를 해결하는 데 중요한 역할을 할 수 있는 기반이 될 것이다. 이러한 방향성은 한국이 지속 가능한 사회로 나아가는 데 필수적이며, 모든 구성원이 함께 발전하는 사회를 만드는 데 기여할 것이다. 궁극적으로, 한국형 다빈치 인재 모델은 교육기관, 기업, 정부가 협력하여 지속 가능한 발전과 사회적 책임을 다하는 인재를 양성하는 데 기여해야 하며, 이러한 노력이 모일 때 한국은 미래 사회의 복잡한 문제를 해결하는 데 중요한 역할을 할 수 있을 것이다. 이와 같은 통합적 접근을 통해 한국은 다양한 문화적 배경을 가진 인재들이 서로의 경험과 지식을 공유하며 글로벌 사회의 다양한 도전에 효과적으로 대응할 수 있는 기반을 마련할 수 있을 것이다. 이는 궁극적으로 한국 사회가 지속 가능한 발전을 이루고, 세계적으로 영향력 있는 국가로 자리매김하는 데 기여할 것이다.

이와 같은 한국형 다빈치 인재 모델의 적극적인 추진은 단순히 인재 양성에 그치지 않고, 한국 사회의 전반적인 발전에도 기여할 수 있다. 이 모델은 다음과 같은 여러 방면에서 긍정적인 영향을 미칠 것으로 기대된다.

첫째, 경제 성장 촉진이다. 창의적이고 융합적인 사고를 갖춘 인재는 혁신적인 아이디어와 솔루션을 제시할 수 있으며, 이는 기업의 경쟁력을 높이고 새로운 시장을 창출하는 데 기여할 것이다. 한국의 산업 구조가 빠르게 변화하는 가운데, 다빈치형 인재는 기술 혁신과 연구 개발에 중요한 역할을 하여 국가 경제의 지속 가능한 성장을 이끌 수 있다. 예를 들어, IT와 제조업의 융합을 통해 스마트 팩토리와 같은 혁신적인 비즈니스 모델이 등장하는 데 기여할 수 있다.

둘째, 사회적 통합과 포용성 증진이다. 다문화적 경험을 통해 다양한 배경을 가진 인재들이 서로 협력하고 소통함으로써, 사회적 갈등을 줄이고 포용적인 사회를 만드는 데 기여할 수 있다. 한국형 다빈치 인재는 사회적 책임감을 갖고 지속 가능한 발전을 위해 노력함으로써, 지역 사회와의 유대감을 강화하고 서로 다른 문화적 배경을 가진 사람들 간의 이해를 증진할 것이다. 이러한 과정은 사회의 통합과 안정성을 높이는 데 중요한 역할을 할 것이다.

셋째, 글로벌 경쟁력 강화이다. 한국형 다빈치 인재는 글로벌 감각과 다문화적 이해를 바탕으로 국제 사회에서 효과적으로 소통하고 협력할 수 있다. 이는 한국 기업이 글로벌 시장에서 경쟁력을 유지하고, 외국과의 협력 관계를 구축하는 데 중요한 자산이 될 것이다. 특히, 한국의 기업들이 해외 진출을 확대함에 따라, 다문화 환경에서의 리더십과 협업 능력을 갖춘 인재의 필요성이 더욱 커질 것이다.

넷째, 교육의 질 향상이다. 한국형 다빈치 인재 모델의 실행은 교육 시스템 전반의 혁신을 촉진할 것이다. 교육 기관은 다양한 분야의 지식을 통합하고 실제 문제 해결 경험을 제공함으로써, 학생들이 보다 실용적이고 창의적인 역량을 갖출 수 있도록 지원할 수 있다. 이는 궁극적으로 교육의 질을 높이고, 미래 사회의 요구에 부응하는 인재를 양성하는 데 기여할 것이다.

마지막으로, 지속 가능한 발전을 위한 기여이다. 한국형 다빈치 인재는 환경 문제, 사회적 불균형, 경제적 불평등 등 다양한 사회적 문제에 대한 인식을 높이고, 이를 해결하기 위한 혁신적인 접근 방안을 모색할 수 있다. 지속 가능한 발전을 위한 노력은 단순한 선택이 아니라 필수적인 과제가 되었으며, 다빈치형 인재는 이 과정에서 중요한 역할을 수행할 것이다.

결론적으로, 한국형 다빈치 인재 모델은 한국의 미래를 위해 필수적인 인재 양성 전략으로 자리 잡아야 하며, 이를 통해 한국은 글로벌 환경에서 경쟁력을 갖춘 창의적이고 혁신적인 인재를 양성할 수 있을 것이다. 이러한 모델의 성공적인 구현은 한국 사회가 직면한 복잡한 문제를 해결할 수 있는 기반이 될 것이며, 이를 통해 한국은 지속 가능한 발전과 사회적 책임을 다하는 국가로 나아갈 수 있을 것이다. 따라서, 한국형 다빈치 인재 모델의 실행은 모든 구성원이 협력하여 이루어져야 하며, 교육 기관, 기업, 정부가 함께 협력하여 이를 실현하기 위한 구체적인 방안을 모색해야 한다. 이러한 노력이 결실을 맺을 때, 한국은 미래 사회에서 더 나은 삶의 질과 지속 가능한 발전을 이룰 수 있을 것이다.

나가며:

초연결 시대 다문화 정책의 방향성과 미래 전망

지금까지 "초연결 시대 다문화 정책의 방향성과 미래 전망"이라는 주제를 통해 초연결 시대가 요구하는 다문화 정책의 방향성과 이에 따른 미래 전망을 분석하였다. 초연결 시대는 정보통신 기술의 비약적 발전과 함께 전 세계가 물리적 및 심리적 경계를 허물고 긴밀히 연결되는 것을 의미하며, 이러한 변화는 인간의 삶의 모든 측면에 걸쳐 심대한 영향을 미친다. 과거의 글로벌화와는 다른 차원의 융합이 일어나면서, 다양한 문화가 서로 얽히고 새로운 아이디어와 가치를 창출하는 풍부한 기회를 제공하고 있다. 정보와 기술의 발전은 사람들 간의 소통을 원활하게 하여, 세계의 다양한 문화가 서로 교류하고 영향을 주고받을 수 있는 토대를 마련하고 있으며, 이는 새로운 비즈니스 모델, 사회적 솔루션, 그리고 창의적인 예술 작품을 탄생시키는 데 기여하고 있다. 그러나 이러한 변화는 긍정적인 결과뿐만 아니라, 문화적 충돌, 경제적 격차, 정체성 혼란과 같은 복잡한 도전과제를 동반한다. 따라서 초연결 시대를 준비하고 대응하기 위해서는 이러한 다차원적 문제를 포괄적으로 다룰 수 있는 정책과 전략이 필요하다.

초연결 시대의 다문화 정책은 여러 문화를 단순히 인정하는 데 그치지 않고, 문화 간의 깊은 이해와 상호 존중을 바탕으로 모두가 공존할 수 있는 환경을 조성하는 것을 목표로 삼아야 한다.

첫 번째로 강조해야 할 점은 문화적 다양성의 수용이다. 이는 단순히 문화의 공존을 넘어 다양한 문화가 사회적 자산으로서 가치를 발휘할 수 있도록 지원하는 것을 의미한다. 각 문화가 지닌 특성과 가치를 최대한 존중하면서도, 이를 통해 새로운 창조적 시너지를 끌어내는 데 중점을 두어야 한다. 이를 실현하기 위해 정부와 민간 부문 모두가 협력하여 다문화 교육, 대화의 장 마련, 문화교류 행사를 적극적으로 추진해야 할 것이다. 한 예로, 지역 축제를 통해 서로 다른 문화적 배경을 가진 사람들이 자연스럽게 소통할 수 있는 기회를 제공하거나, 다문화적 스토리를 담은 콘텐츠를 제작하여 문화적 이해를 넓히는 것도 한 가지 방법이 될 수 있다. 이와 함께, 다문화 교육 프로그램을 통해 학생들이 어릴 때부터 다양한 문화에 대한 긍정적인 인식을 형성할 수 있도록 지원하는 것이 중요하다. 이러한 노력은 서로 다른 문화가 공존할 수 있는 기반을 마련하는 데 필수적이기 때문이다.

둘째, 다문화 정책은 사회적 통합과 시민의 적극적 참여를 장려하는 방향으로 나아가야 한다. 서로 다른 문화적 배경을 가진 시민들이 단순히 공존하는 것을 넘어, 지역사회와 국가의 발전에 동등하게 기여할 수 있는 환경을 조성해야 한다. 이를 위해 다문화 가정과 외국인 노동자들이 지역사회의 중요한 구성원으로 자리 잡을 수 있도록 법적, 제도적 지원을 강화할 필요가 있다. 이들에게 언어 교육과 직업 훈련을 제공하여 경제적 자립을 돕고, 이들이 지역사회 활동에 참여할 수 있도록 지원하는 것은 매우 중요하다. 이러한 지원은 다문화 가정의 자녀들이 사회에서 차별받지 않고 동등한 기회를 얻게 하는 데 도움이 되기 때문이다. 또한, 다문화 배경을 가진 사람들이 지역 의회나 시민 단체에서 목소리를 낼 수 있는 기회를 제공함으로써 정책 결정 과정에 적극적으로 참여할 수 있도록 해야 한다. 이를 통해 다양한 문화적 시각이 정책에 반영될 수 있는 기회를 제공하고, 사회적 통합을 이루는 데 일조할 수 있을 것이다.

셋째, 교육은 초연결 시대의 다문화 정책에서 핵심적인 역할을 한다. 초등학교부터 대학교까지의 교육 과정에서 다문화적 감수성과 글로벌 시민 의식을 함양하는 프로그램을 도입해야 한다. 이를 통해 학생들은 다양한 문화적 배경을 이해하고, 문화 간의 차이를 존중하며, 서로 협력하는 방법을 배울 수 있다. 교육 기관은 다문화적 환경에서 활동할 수 있는 인재를 양성하는 데 주력해야 하며, 이를 위해 교사들의 다문화 교육 역량을 강화하는 것도 중요하다. 교사 연수 과정에 다문화 감수성 훈련을 포함하거나, 국제 교환 프로그램을 통해 교사와 학생 모두에게 글로벌한 시각을 제공할 수 있다. 이러한 교육적 접근은 학생들이 다양한 문화적 배경을 가진 사람들과 효과적으로 소통하고 협력할 수 있는 능력을 기르게 해 줄 것이다. 또한, 학생들이 다문화 사회에서 긍정적인 역할을 할 수 있도록 준비시켜야 하며, 이를 통해 결국 한국 사회의 문화적 다양성을 존중하고 포용하는 인식이 확산할 것이다.

넷째, 경제적 관점에서 다문화 사회로의 전환은 국가의 경쟁력을 강화하는 데 도움이 된다 할 수 있다. 다양한 배경을 가진 인재들은 서로 다른 시각과 접근 방식을 통해 혁신적이고 창의적인 해결책을 제시할 수 있는 강점이 있다. 기업은 이러한 다문화적 잠재력을 활용하기 위해 다양한 문화를 수용하고 존중하는 조직 문화를 형성하고, 다문화적 팀워크를 기반으로 한 혁신적인 프로젝트를 추진해야 한다. 다국적 기업들은 다문화 인재를 채용하여 글로벌 시장에서 경쟁력을 강화할 수 있으며, 이 과정에서 창출된 경험은 다른 기업들에도 귀중한 교훈을 제공할 수 있다. 특히, 다문화 팀의 협업은 창의적인 아이디어를 도출하고 문제 해결 능력을 극대화하는 데 중요한 역할을 할 것이며, 이는 기업의 성장뿐만 아니라 사회 전반에 긍정적인 영향을 미칠 것이다. 이러한 경제적 접근은 한국이 글로벌 시장에서 더욱 효과적으로 경쟁할 수 있는 기반을 마련할 것이다.

다섯째로, 지속 가능한 다문화 정책을 수립하기 위해서는 연구와 평가가 필수적이다. 다문화 정책이 실제로 사회적 통합과 발전에 유용한지를 확인하기 위해 정량적 데이터와 정성적 분석을 통해 효과성을 평가하고, 이를 바탕으로 정책을 개선해야 한다. 다른 나라들의 성공 사례를 비교 연구하여 한국 사회에 적합한 모델을 개발하고, 이를 통해 다문화 정책의 방향성을 지속적으로 조정할 필요가 있다. 이러한 연구는 한국 사회가 다문화적으로 발전하기 위한 중요한 기초 자료가 될 것이며, 이를 통해 한국 사회가 겪고 있는 다양한 문제를 해결하는 데 기여할 수 있다.

결론적으로, 초연결 시대의 다문화 정책은 한국이 글로벌 사회에서의 경쟁력을 강화하고, 사회적 통합을 이루는 데 중요한 초석이 될 것이다. 이는 단순히 문화적 다양성을 인정하는 것을 넘어, 모든 시민이 상호 존중과 협력을 통해 함께 발전하는 사회를 만들어가는 과정이다. 한국은 이러한 목표를 달성하기 위해 정부, 기업, 지역사회, 그리고 개인 모두가 협력하여 지속 가능한 다문화 사회를 구축해야 한다. 이러한 노력은 한국 사회의 미래를 더욱 풍요롭고 역동적으로 만드는 데 기여할 것이며, 글로벌 시대에 적합한 모델로 자리매김할 것이다.

초연결 시대의 다문화 정책은 한국 사회의 지속 가능한 발전을 위해 필수적이며, 이를 통해 한국은 다양한 문화가 조화롭게 공존하는 사회로 발전할 수 있을 것이다. 이러한 변화는 단지 한국 사회의 변화를 의미하는 것이 아니라, 세계 사회와의 유기적인 연결을 통해 더욱 풍부하고 다채로운 문화적 환경을 조성하게 할 것이다. 한국은 앞으로도 다문화 사회로의 전환을 통해 더 나은 미래를 위한 기반을 마련할 수 있을 것이며, 이를 통해 모든 시민이 존중받고 함께 발전할 수 있는 사회를 만들어 나가야 한다. 이러한 과정에서 모든 사회 구성원이 서로의 문화와 가치를 존중하고 포용하는 태도를 기르는 것이 중요하다.

초연결 시대에 적합한 다문화 정책을 통해 한국은 글로벌 사회에서의 경쟁력을 더욱 강화할 수 있으며, 이는 지속 가능한 사회로 나아가는 길을 열어줄 것이다. 다문화적 포용성을 높이고, 다양한 문화가 공존하는 사회를 구축하기 위한 노력은 한국 사회의 발전과 글로벌화에 도움이 되어, 한국의 미래를 밝히는 중요한 요소가 될 것이다.

이 책이 제시한 다양한 정책적 방향성과 실행 방안은 한국이 초연결 시대에 효과적으로 대응하고, 다문화 사회로의 전환을 성공적으로 끌어내는 데 기여할 것으로 기대된다. 이와 같은 방향으로 나아갈 때, 한국은 초연결 시대의 다문화 정책을 통해 더욱 포용적이고 다양한 사회로 발전할 수 있는 잠재력을 가지게 되고, 이러한 발전은 단순히 정책의 변화에 그치지 않고, 모든 시민이 서로의 문화와 가치를 존중하며 협력하는 사회적 분위기를 조성하게 될 것이다.

초연결 시대의 다문화 정책은 한국이 직면한 여러 사회적, 경제적 과제를 해결하는 데 중요한 역할을 할 수 있다. 다양한 문화적 배경을 가진 인재들은 각기 다른 경험과 지식을 바탕으로 문제 해결에 도움이 되고, 이 다양성은 혁신을 촉진하고 새로운 아이디어 및 접근 방식을 제시하는 데 필수적이다. 따라서 한국은 이러한 다문화적 잠재력을 최대한 활용하여 글로벌 시장에서의 경쟁력을 강화해야 한다.

정부는 다문화 정책의 수립과 실행에서 중요한 역할을 해야 하며, 정책은 단순히 문화적 다양성을 인정하는 것을 넘어 모든 시민이 상호 존중과 협력을 통해 함께 발전하는 사회를 만들어가는 기반을 마련해야 한다. 이를 위해 정부는 법적 및 제도적 지원을 강화하고, 다문화 가정의 시민들이 지역사회에서 중요한 구성원으로 자리 잡을 수 있도록 도와야 한다. 또한, 다문화 정책의 효과성을 평가하고 지속적으로 개선하기 위한 연구와 평가가 필요하다. 이는 한국 사회가 다문화적으로 발전하기 위한 중요한 기초 자료가 될 것이며, 이를 통해 한국 사회가 겪고 있는 다양한 문제를 해결하는 데 기여할 수 있다.

결국, 초연결 시대의 다문화 정책과 다빈치형 인재의 양성은 서로 밀접하게 연결되어 있으며, 이는 한국이 글로벌 사회에서의 경쟁력을 높이고 사회적 통합을 이루는 데 핵심적인 역할을 한다. 한국은 이러한 목표를 달성하기 위해 정부, 기업, 지역 사회, 그리고 개인 모두가 협력하여 지속 가능한 다문화 사회를 구축해야 한다. 이러한 노력은 한국 사회의 미래를 더욱 풍요롭고 역동적으로 만드는 데 기여할 것이며, 글로벌 시대에 적합한 모델로 자리매김할 것이다. 더 나아가, 다빈치형 인재의 양성을 위해서는 개인의 역량뿐만 아니라 공동체와의 유기적인 상호작용이 중요하다. 각 개인이 가진 잠재력을 최대한 발휘할 수 있도록 지역 사회와의 연계를 통해 다양한 경험을 쌓을 수 있는 프로그램을 운영해야 한다. 지역사회에서 진행하는 문화교류 행사나 공동 프로젝트에 참여함으로써 다문화적 경험과 협력의 가치를 직접 체험하는 기회를 제공해야 한다. 이러한 경험은 개인의 성장뿐만 아니라 지역 사회의 통합과 발전에도 기여할 것이다.

결론적으로, 초연결 시대의 다문화 정책은 한국이 다양한 문화가 조화롭게 공존하는 사회로 나아가는 데 필연적이며, 이는 결국 한국이 글로벌 사회에서의 경쟁력을 높이는 데 중요한 역할을 할 것이다. 다빈치형 인재의 필요성과 양성을 통해 한국은 지속 가능한 발전을 이루고 모든 시민이 존중받고 함께 발전할 수 있는 사회를 만들어 나가야 한다. 이러한 과정에서 모든 사회 구성원이 서로의 문화와 가치를 존중하고 포용하는 태도를 기르는 것이 중요하다. 따라서 한국은 다빈치형 인재를 양성하기 위한 다양한 정책적 방향성과 실행 방안을 지속적으로 모색해야 하며, 이를 통해 초연결 시대의 도전에 효과적으로 대응하고 다문화 사회로의 전환을 성공적으로 이끌어내는 데 노력해야 한다. 이러한 노력은 한국 사회가 글로벌 사회에서 더욱 풍부하고 다채로운 문화적 환경을 조성하는 데 기여할 것이며, 궁극적으로 모든 구성원이 서로 존중하며 함께 성장할 수 있는 기반을 마련할 것이다.

참고문헌

1. 한국어 도서

고종환, 글로벌 다문화교육 법제화 방안: 프랑스편, 2012.

김봉구, 대한민국 다문화 정책 어젠다: 늦춰진 미래, 성숙한 공생의 다문화 정책 제안서, 온스토리, 2023.

김선규 (박준웅), 문화다양성과 관용의 철학, 경진출판, 2022.

김선규 (임밝네, 강진구, 손혜숙, 석창훈), 문화다양성과 문화 다시 생각하기, 경진출판, 2023.

김수아 (박미선, 이혜민, 한건수, 한희정, 홍성수), 차별과 혐오를 넘어서 왜 문화다양성인가, 컬처룩, 2022.

김영애, 이주, 다문화 그리고 다양성 이주민 선교 들여다보기, CLC(기독교문서선교회), 2021.

김용찬, 한국의 다문화와 이민정책 담론, 한국학중앙연구원 한국학총서 1, 한국학술정보, 2024.

김진석 (장은숙) 글로벌 시대 문화다양성 이해, 한국문화사, 2024.

김진희, 다문화교육과 평생교육: 이론과 실제-한국 영국 캐나다 호주 현장 사례 분석, 박영스토리, 2016.

김헌식, 문화다양성의 코드, 평민사, 2012.

김효정, 문화다양성 증진을 위한 문화정책 방안기본연구, 한국문화관광연구원, 2012.

민유기, 다문화 사회 프랑스의 기억 갈등과 역사교육 변화, 역사교육연구 제46호, 2023.

박경하 (전영준, 박재영), 한국 역사 속의 문화적 다양성, 경진출판, 2016.

박기덕, 한국 다문화사회화의 현황과 문제점 및 대응 방안, 세종연구소, 2012.

박준형, 크로스 컬처문화 간 차이와 다양성이 존중되는 21세기를 위한 문화 오리엔테이션, 바이북스, 2010.

서헌제, 문화다양성의 법제적 구현, 한국학술정보, 2014.

신재흡, 글로벌 시대의 문화다양성을 위한 다문화 사회와 교육, 동문사, 2021.

원숙연, 다문화 사회의 다층성인종적 다양성을 둘러싼 정책적 편입과 배제, 이화여자대학교출판문화원, 2019.

윤인진 (황정미), 한국 다문화주의의 성찰과 전망, 아연동북아 총서 20, 아연출판부, 2014.

이경수, 프랑스 다문화교육의 이해, 아산재단 연구총서 371, 집문당, 2014'

이도영 (노기옥, 유수영, 윤채민, 이진우), 문화다양성의 이해와 실천, 사이플러스, 2024.

이명현 (강연곤, 리영희, 진수현, 김화영), 문화다양성 시대의 문화콘텐츠, 경진출판, 2023.

이산호, "프랑스의 사회통합정책과 유네스코의 '문화적 표현의 다양성 보호와 증진에 관한 협약'", 프랑스문화예술연구 제28집, 2009.

이정은, 사회복지와 문화다양성, 지식공동체, 2021.

이진석 (모경환, 임정수, 이동훈), 다문화 시대 사회 통합을 위한 시민교육: 다문화 시대와 한국의 사회통합, 아산재단 연구총서 415, 집문당, 2016.

이태주 (권숙인), 다민족 다문화사회 진전에 있어서의 사회 갈등 양상과 극복과정: 호주와 일본의 사례, 한국여성정책연구원, 2007,

장윤수, 김영필, 한국 다문화사회와 교육, 양서원, 2012.

전규찬 (김영찬), 글로벌 시대 미디어 문화의 다양성, 커뮤니케이션북스, 2006.
전미순 (송미승, 정천석, 전정희, 노기옥), 문화다양성 사회와 건강, 수문사, 2022.
정민승 (모경환, 이해주, 차윤경), 다문화교육론, 한국방송통신대학교 출판문화원, 2024.
정해수, 한국의 이중언어교육 정책에 관한 비교사례 연구 : 프랑스 및 일본 사례를 중심으로, 경기대학교 일반대학원, 교육정책학과, 박사학위 논문, 2016.
정혜실, 우리 안의 인종주의: 이주 인권 현장에서 본 한국 사회, 메멘토, 2023.
조석주 (박지영), 다문화사회 정착을 위한 지방자치단체의 이주민정책 개선방안, 한국지방행정연구원, 2012.
조원탁 (박순희, 서선희, 송기범, 안효자), 다문화사회와 다양성, 양서원, 2024.
조효래, 우리 속의 타자: 한국사회의 다문화 현상, 한국학술정보, 2017.
질 베르분트, 질 (역: 장한업)인간의 다양성을 존중하는 상호문화사회, 교육과학사, 2012.
최성환 (서영지, 조영미, 강명주), 문화다양성과 교육, 경진출판, 2021.
캔틀, 테드 (역: 홍종열, 김성수, 김윤재), 상호문화주의결속과 다양성의 새로운 시대, 꿈꿀권리, 2020.
허영식, 다양성과 간문화, 박영스토리, 2015.
허진영, "프랑스 다문화정책과 다문화교육 사례연구", 교육사상연구, vol. 26 No 3, 2012
허진영, 프랑스 다문화정책과 다문화교육 사례연구, 교육사상연구 제26권 제3호, 2012.

황미혜, 한국의 다문화 역사 이야기, 한국학술정보, 2018.
황우섭, 방송과 문화다양성한국 다문화 지형의 텔레비전 프로그램, 한울아카데미, 2014.
유네스코 한국위원회, 문화다양성과 문화간 대화유네스코 세계보고서, 집문당, 2010.

2. 프랑스어 도서

Balibar (Étienne), N*ous, citoyens d'Europe? Les frontières, l'État, le peuple*, La Découverte, 2001.
Baubérot (Jean), *Laïcité 1905-2005: Entre passion et raison*, Seuil, 2005.
Blanchard (Pascal) et al.. *La fracture coloniale*, La Découverte. 2006.
Boutinet (Jean-Pierre), *Anthropologie du projet,* PUF, 2012.
Debray (Régis), *Eloge des frontières*, Gallimard, 2010.
Dubet (François), L*'École des chances: Qu'est-ce qu'une école juste?* Seuil, 2004.
Fassin (Didier) et al., *De la question sociale à la question raciale? Représenter la société française*, La Découverte, 2006.
Hagège (Claude), *Halte à la mort des langues*, Odile Jacob, 2000.
Khosrokhavar (Farhad), *L'islam dans les prisons*, Balland, 2004.
Lefebvre (Georges), *La Révolution française*, PUF, 1951.
Lipovetsky (Gilles), *L'ère du vide*, Gallimard, 1983.
Lorcerie (Françoise), *L'école et le défi ethnique: Education et intégration*, ESF Editeur, 2003.
________, *La politisation du voile en France, en Europe et dans le monde arabe*, L'Harmattan, 2005.

Momméja (Adèle), "Immigrations postcoloniales, minorités et politique en France et en Angleterre" *Hommes & migrations*, No 1321, 2018.

Morin (Edgar), *La méthode: Tome 6, Éthique*, Seuil, 2004.

_______, *Culture et barbarie européennes*, Bayard, 2005.

_______, *La Voie: Pour l'avenir de l'humanité*, Fayard, 2011.

Noiriel (Gérard), *Le Creuset français: Histoire de l'immigration XIXe-XXe siècles*, Seuil, 1988.

_______, *Immigration, antisémitisme et racisme en France*, Fayard, 2007.

Nora (Pierre) et al., *Les Lieux de mémoire*, Gallimard, 1997 (Nouvelle édtion en 3 vols.)

Ozouf (Mona), *La Fête révolutionnaire (1789-1799)*, Gallimard, 1976.

Prost (Antoine), *Histoire de l'enseignement en France 1800-1967*, Armand Colin, 1968.

Rosanvallon (Pierre0, *La Société des égaux*, Seuil, 2011.

Roy (Olivier), *La Laïcité face à l'islam*, Stock, 2005.

Sabeg (Yazid) et al., *Les oubliés de l'égalité des chances*, Seuil, 2004.

Singaravélou (Pierre) et al., *Colonisations, notre histoire*, Seuil, 2023.

Stiegler (Bernard), *Dans la disruption: Comment ne pas devenir fou*? Les Liens qui libèrent, 2016.

Todd (Emmanuel), *Le Destin des immigrés: Assimilation et ségrégation dans les démocraties occidentales*, Seuil, 1994.

_______, *Qui est Charlie? Sociologie d'une crise religieuse*, Seuil, 2015.

Touraine (Alain), *Qu'est-ce que la démocratie*? Fayard, 1994.

Weil (Patrick), *Qu'est-ce qu'un Français? Histoire de la nationalité française depuis la Révolution à nos jours*, Grasset, 2002.

_______, *La France et ses étrangers: L'aventure d'une politique de l'immigration de 1938 à nos jours*, Gallimard, 2005.

Wihtol de Wenden (Catherine), *La Beurgeoisie: Les nouveaux élites des cités*, CNRS, 2007.

"Extraits du rapport de la Commission STASI sur la laïcité" Pyramides, No 8, 2004.

3. 영어 도서

Appadurai (Arjun), *Modernity at Large: Cultural Dimensions of Globalization*, University of Minnesota Press, 1996.

Beck (Ulrich), *The Cosmopolitan Vision*, Polity Press, 2006.

Castells (Manuel), *The Rise of the Network Society*, Wiley-Blackwell, 2010.

Castles (Stephen) et al., *The Age of Migration: International Population Movements in the Modern World*, Guilford Press, 2020.

Cohen, Robin et al., *Global Sociology*, Palgrave Macmillan, 2007.

Csikszentmihalyi (Mihaly), *Creativity: Flow and the Psychology of Discovery and Invention*, Harper Perennial, 2013.

Deuze (Mark), *Media Life*, Polity Press, 2012.

Fischer Robert (Virginie), *The Europeanization of Migration Policy*, Peter Lang, 2012.

Florida (Richard), *The Rise of the Creative Class*, Basic Books, 2019.

Geddes (Andrew) et al., *The Politics of Migration and Immigration in Europe*, SAGE, 2016.

Guiraudon (Virginie), "European integration and migration policy: Vertical policy-making as venue shopping", *Journal of Common Market*

Studies 38 (2), 2000.

Hannerz (Ulf), *Cultural Complexity: Studies in the Social Organization of Meaning*, Columbia University Press, 1992.

Hargreaves (Alec G.), *Multi-Ethnic France: Immigration, Politics, Culture, and Society*, Routledge, 2007.

Hobsbawm (Eric), *The Age of Revolution*, 1789–1848, Vintage, 1996.

Lankford (Mike), *Becoming Leonardo: An Exploded View of the Life of Leonardo da Vinci*, Melville House, 2017.

Levy (Pierre), *Collective Intelligence: Mankind's Emerging World in Cyberspace*, Plenum Trade, 1997

Pink (Daniel H.), *A Whole New Mind: Why Right-Brainers Will Rule the Future*, Riverhead Books, 2006.

Sandel (Michael), *The Tyranny of Merit: What's Become of the Common Good*? Farrar, Straus and Giroux, 2020.

Soysal (Yasemin Nuhoglu), *Limits of Citizenship*, University of Chicago Press, 1994.

4. 기타

책 본문에 인용 분석한 세계 각국 정부 기관과 비정부(NGO) 기관의 자료 및 통계는 해당 인터넷 사이트를 참조하였음.

지은이

곽민석

프랑스 파리 4대학(파리-소르본)에서 〈랭보의 일뤼미나시옹 시집에 나타난 시적 현대성〉 논문으로 프랑스 문학 박사 학위를 취득한 저자는 연세대학교 불어불문학과 및 동 대학원을 졸업했다. 현재 중앙대학교 프랑스어문학과 연구교수로 재직하며 프랑스 문학과 문화, 그리고 그리스 신화에 관한 연구와 강의를 하고, 최근에는 현대 사회의 다문화-다매체 주제에 관해서 집중적으로 연구하고 있다.

저서로는
《랭보의 일뤼미나시옹 시집에 나타난 시적 현대성에 대해》
(프랑스, 셉탕트리옹 출판사 2000)
《파괴와 창조의 방랑시인 랭보》(도서출판 월인 2014)
《프로메테우스 시인 랭보》(도서출판 월인 2018)

번역서로는
《랭보 시선 Les Poèmes choisis de Rimbaud》(지식을 만드는 지식 2012)
《지옥에서 한 철 / 투시자의 편지 Une saison en enfer / Les Lettres du voyant》
(지식을 만드는 지식 2023)
《소크라테스의 죽음 La Mort de Socrate》(지식을 만드는 지식 2024) 등이 있다.

또한 논문으로
〈프랑스 현대시의 시적 «다시쓰기 réécriture»: 팔랭프세스트 Palimpseste 개념을 중심으로〉
〈랭보와 라포르그 시 세계에 나타난 시적 파괴와 혁신〉
〈엘뤼아르, 일상적 삶과 경이로운 진실의 시인: 현대 시인의 다문화적 이미지에 대하여〉
〈광기 개념과 현대적 글쓰기 주체 - 네르발과 로트레아몽을 중심으로〉
〈프랑스 '세속주의(라이시테)'와 '다문화주의'의 상호작용에 대한 사회-문화적 분석〉
〈현대 사회의 글쓰기 주체의 양상들 - 보들레르의 시세계를 중심으로〉 등 다수의 연구가 있다.

초연결 시대의 문화 정체성과 다양성

프랑스의 다문화 정책과 한국의 길

초판 1쇄 발행 _ 2025년 1월 31일

저 자 • 곽 민 석
발 행 인 • 정 현 걸
발 행 • 신 아 사
인 쇄 • 삼일문화
출 판 등 록 • 1956년 1월 5일 (제9-52호)
주 소 • 서울특별시 은평구 통일로 59길 4
전 화 • 02)382-6411 · 팩스 02)382-6401
홈 페 이 지 • www.shinasa.co.kr
E - MAIL • shinasa@daum.net

ISBN 979-11-7342-072-6 (93300)

정가 20,000원